Bibliografische Information der Deutschen Nationalbibliothek:

Die Deutsche Bibliothek verzeichnet diese Publikation in der Deutschen National-
bibliografie; detaillierte bibliografische Daten sind im Internet über http://dnb.d-
nb.de/ abrufbar.

Impressum:

Copyright © 2009 GRIN Verlag, Open Publishing GmbH
Druck und Bindung: Books on Demand GmbH, Norderstedt Germany
ISBN: 9783640473397

Dieses Buch bei GRIN:

http://www.grin.com/de/e-book/140135/laendervergleich-praeventive-gewinnab-
schoepfung-praege

Ernst Hunsicker

Ländervergleich: Präventive Gewinnabschöpfung (Prä-Ge)

Rechtsgrundlagen, Rechtsprechung, Entwicklung und Stand in Deutschland - Vergleichbare Rechtsgrundlagen in Österreich und in der Schweiz?

GRIN Verlag

GRIN - Your knowledge has value

Der GRIN Verlag publiziert seit 1998 wissenschaftliche Arbeiten von Studenten, Hochschullehrern und anderen Akademikern als eBook und gedrucktes Buch. Die Verlagswebsite www.grin.com ist die ideale Plattform zur Veröffentlichung von Hausarbeiten, Abschlussarbeiten, wissenschaftlichen Aufsätzen, Dissertationen und Fachbüchern.

Besuchen Sie uns im Internet:

http://www.grin.com/

http://www.facebook.com/grincom

http://www.twitter.com/grin_com

Ernst Hunsicker

Ländervergleich:
Präventive Gewinnabschöpfung (PräGe)

Rechtsgrundlagen, Rechtsprechung, Entwicklung und Stand in **Deutschland** –
Vergleichbare Rechtsgrundlagen in **Österreich** und in der **Schweiz** ?

Vorwort

In Deutschland ist die Präventive Gewinnabschöpfung (PräGe) auf dem Vormarsch. Das beweisen die inzwischen vorliegenden Entscheidungen von Verwaltungsgerichten der 1. und 2. Instanz sowie etliche – auch kritische – Veröffentlichungen.

Mit dem Rechtsinstitut der PräGe soll möglichst verhindert werden, dass Sachen (Gegenstände und Bargeldbeträge), die konkreten Straftaten nicht zugeordnet werden können – aber ganz offenbar deliktischen Ursprungs sind –, wieder an die (vorher) beschuldigten Personen zurückgegeben werden. Die rechtlichen Möglichkeiten dazu ergeben sich in Deutschland aus dem jeweiligen Gefahrenabwehrrecht des Bundes und der Bundesländer.

Es ist deshalb spannend zu prüfen, ob dieses Rechtsinstitut auch in **Österreich** und in der **Schweiz** von den dortigen gesetzlichen Voraussetzungen her zur Anwendung kommen kann.[1]

Um eine Vergleichbarkeit mit dem Strafrecht hinsichtlich der Bestimmungen zum

- **Verfall, Einziehung o.Ä.** (materiell),
- Deutschland: §§ 73 ff. StGB [Verfall und Einziehung],
- Österreich: §§ 20 ff. StGB [Abschöpfung der Bereicherung, Verfall, jeweils Unterbleiben der/des ...],
- Schweiz: Art. 69 ff. StGB [Einziehung (a. Sicherungseinziehung, b. Einziehung von Vermögenswerten), Ersatzforderungen, Einziehung von Vermögenswerten einer kriminellen Organisation, Verwendung zu Gunsten des Geschädigten],

zu den

- **Sicherstellungs- bzw. Beschlagnahmevoraussetzungen** (formell)
- Deutschland: § 94, §§ 111b ff. StPO,
- Österreich: §§ 109 ff. StPO,
- Schweiz: Art. 263 ff. E-StPO,

und zu den

---

[1] *Hunsicker*, Präventive Gewinnabschöpfung (PräGe) – Entwicklung und Stand in Deutschland – Blick nach Österreich und in die Schweiz (Arbeitstitel). Als zusammenfassende Darstellung vorgesehen für eine Veröffentlichung in der Kriminalistik.

- **Verfahrenseinstellungen o.Ä.** (formell)
- Deutschland: §§ 153 ff., 170 StPO
- Österreich: §§ 190 ff. StPO
- Schweiz: Art. 319 ff. E-StPO

in den drei Ländern herstellen zu können, finden sich die entsprechenden gesetzlichen Bestimmungen im **Anhang 1**.

Abgedruckt sind weiterhin
- ein Runderlass des Landes Niedersachsen zur Präventiven Gewinnabschöpfung (**Anhang 2**) und
- eine Auflistung von verwaltungsgerichtlichen Entscheidungen aus Deutschland zur Präventiven Gewinnabschöpfung (**Anhang 3**).

Inhaltsverzeichnis

Anhang 2

Anhang 3

Anhang 4

1. Deutschland

1.1 Definition „Präventive Gewinnabschöpfung"; Rechtsgrundlagen

Präventive Gewinnabschöpfung (PräGe) bedeutet das Verfahren der Sicherstellung pp. nach den Gefahrenabwehrgesetzen

- des Bundes [§§ 47 ff. Bundespolizeigesetz (BPolG), § 20s BKA-Gesetz – wie nachfolgend dargestellt] und
- der Länder (Polizeigesetze, Sicherheits- und Ordnungsgesetze, Polizeiaufgabengesetze usw.[2])

vor strafprozessualer Herausgabe offensichtlich nicht rechtmäßig erlangter Sachen[3] durch die Polizei- oder Verwaltungs- bzw. Ordnungsbehörden o.Ä.[4]

§ 20s BKA-Gesetz[5]:

Sicherstellung
(1) Das Bundeskriminalamt kann eine Sache sicherstellen,
1. um eine gegenwärtige Gefahr abzuwehren oder

---

[2] Beispielsweise nach dem Niedersächsischen Gesetz über die öffentliche Sicherheit und Ordnung (Nds. SOG): § 26 Sicherstellung; § 27 Verwahrung; § 28 Verwertung, Vernichtung; § 29 Herausgabe bzw. Nichtherausgabe sichergestellter Sachen oder des Erlöses, Kosten.

[3] Sachen: nur körperliche Gegenstände, begrenzte Stücke der den Menschen umgebenden Natur (§ 90 BGB), also nicht geistige Erzeugnisse und Rechte, aber auch nicht Mehrheiten von Sachen (Sachgesamtheiten, Sachinbegriffe, z.B. Warenlager) als solche, ebenso nicht die wesentlichen Bestandteile oder das Zubehör von Hauptsachen. Bedeutsam ist der Begriff für die Abgrenzung von Besitz und Eigentum sowie des Sachenrechts; wichtig ist auch die Unterscheidung in verbrauchbare und vertretbare Sachen. - Ähnlich im **schweizerischen ZGB**. Das **österreichische ABGB** definiert etwas abweichend (§ 285), sonst ähnlich wie in Deutschland., unter: http://wissen.spiegel.de/wissen/dokument/dokument.html?id=54462589& such begriff=Sachen&top=Lexikon.

[4] Vgl. Gem. RdErl. d. MI u. d. MJ v. 16.11.2007 – Nds. MBl. Nr. 50/2007, S. 1515 ff. (Präventive Gewinnabschöpfung; Hinweise zum Verfahren der Sicherstellung nach § 26 Nds. SOG vor strafprozessualer Herausgabe offensichtlich nicht rechtmäßig erlangter Sachen).

[5] § 20s BKA-Gesetz enthält zwar die Sicherstellung einer Sache „zur Abwehr einer gegenwärtigen Gefahr"; der „Eigentumsschutz" ist aber nicht erfasst/geregelt.

> 2. *wenn sie von einer Person mitgeführt wird, die nach diesem Unter-*
> *abschnitt festgehalten wird, und die Sache verwendet werden kann, um*
> *...*
> *(2) Die §§ 48 bis 50 des Bundespolizeigesetzes gelten entsprechend.*

Das Niedersächsische Oberverwaltungsgericht (Lüneburg) hat sich jüngst in einer bemerkenswerten Entscheidung[6] mit dem Begriff „Präventive Gewinnabschöpfung" befasst und dazu kritisch[7] ausgeführt:

> *„Allerdings ist der in diesem Zusammenhang verwendete Begriff der ‚Gewinnabschöpfung' missverständlich. Es geht nicht vorrangig darum, dass der Erlös aus diesen Sachen bzw. der betreffende Geldbetrag letztendlich an den Staat (Fiskus) fällt, sondern die Sicherstellung nach § 26 Nr. 1 Nds. SOG soll verhindern, dass mit Hilfe der vermutlich illegal erworbenen Werte neue Straftaten vorbereitet und begangen werden. Im Vordergrund steht deshalb der präventive Charakter der Maßnahme."*

Die Bezeichnung „Präventive Gewinnabschöpfung" habe ich seinerzeit gewählt, um eine Abgrenzung zwischen der präventiven (gefahrenabwehrrechtlichen) und der repressiven (strafrechtlichen) Gewinnabschöpfung vorzunehmen; denn von der Intention her ist durchaus eine Vergleichbarkeit gegeben. Die PräGe erfolgt nämlich zur Abschöpfung offensichtlich deliktischer Gewinne, um in der Folge

a) Eigentumsansprüche Berechtigter – einschließlich der von Personen, die rechtmäßig die tatsächliche Gewalt innehaben – über das Strafermittlungsverfahren hinaus zu wahren („Eigentumsschutz", z.B. § 26 Nr. 2 Nds. SOG)

---

[6] Urteil Nds. OVG vom 02.07.2009 – Az. 11 LC 4/08 (Vorinstanz: VG Osnabrück, Urteil vom 08.11.2007 – Az. 4 A 149/06); *Leitsätze Nds. OVG (Lüneburg):*
1. Die Sicherstellung von Bargeld im Rahmen der sog. „Präventiven Gewinnabschöpfung" kann als präventiv-polizeiliche Maßnahme auf der Grundlage von § 26 Nr. 1 Nds. SOG gerechtfertigt sein, wenn dies zur Abwehr einer gegenwärtigen Gefahr erforderlich ist.
2. Dabei stellt der Begriff „gegenwärtige Gefahr" hohe Anforderungen an die zeitliche Nähe und den Grad der Wahrscheinlichkeit des Schadenseintritts. Eine solche gegenwärtige Gefahr ist anzunehmen, wenn das sichergestellte Bargeld aufgrund der vorliegenden Erkenntnisse aller Wahrscheinlichkeit nach aus Drogengeschäften stammt und im Falle einer Herausgabe dafür unmittelbar wieder eingesetzt werden soll.
[7] Dazu auch *Söllner*, Zum Begriff „gegenwärtige Gefahr" bei der sog. „Präventiven Gewinnabschöpfung" – Anmerkung zum Urteil des Nds OVG vom 2.7.2009 - 11 LC 4/08 - (…), in: DVBl 20/2009, S. 1320 ff.

und/oder

b) Sachen dem „kriminellen Kreislauf" zu entziehen.

Unter b) fallen Gegenstände in Form von Hehlereidelikten[8]; Bargeldbeträge in Bezug auf z.b. Drogenhandel[9], illegalen Zigarettenhandel[10] oder Enkeltrickbetrug[11] („Abwehr einer gegenwärtigen Gefahr", z.B. § 26 Nr. 1 Nds. SOG).

Der Erlös der sichergestellten Sachen (Gegenstände, Bargeld[12]) fällt erst dann an den Fiskus (je nach Zuständigkeit Bund, Länder, Kommunen), wenn nach Ablauf der gesetzlichen Fristen keine Eigentümer oder sonst Berechtigte festgestellt werden können.[13]

Und: Wenn die deliktischen Gewinne zur Abwehr einer gegenwärtigen Gefahr präventiv abgeschöpft und letztendlich dem Fiskus zugeführt werden, können diese Gewinne in der Folge auch nicht mehr zur Vorbereitung und Begehung weiterer Straftaten eingesetzt werden!

Es kann zudem nicht völlig ausgeschlossen werden, dass das sichergestellte Bargeld aus Diebstahlsstraftaten hervorgegangen oder damit in Verbindung zu bringen ist.

Thematische Normsätze anhand von Beispielen aus dem Niedersächsischen Gesetz über die öffentliche Sicherheit und Ordnung (Nds. SOG):

---

§ 26 Sicherstellung

Die Verwaltungsbehörden und die Polizei können eine Sache sicherstellen,

1. um eine gegenwärtige Gefahr abzuwehren,

2. um die Eigentümerin oder den Eigentümer oder die Person, die rechtmäßig die tatsächliche Gewalt innehat, vor Verlust oder Beschädigung einer Sache zu schützen oder

---

[8] Dazu Urteil VG Osnabrück, Az. 4 A 41/05, vom 25.04.2006.
[9] Dazu Urteil Bay. VG Regensburg, Az. RN11 K 03.1962, vom 18.01.2005, **und** Beschluss VG Berlin, Az. VG 1 A 442.01, vom 11.02.2004, **sowie** Urteil VG Berlin, Az. VG 1 A 137.06, vom 28.02.2008.
[10] Dazu Beschluss OVG Berlin, Az. OVG 1 N 13.00, vom 16.09.2002 (Vorinstanz: VG Berlin, Urteil vom 02.02.2000 – Az. VG 1 A 173.98) **und** Urteil VG Aachen, Az. 6 K 1757/05, vom 15.02.2007.
[11] Dazu Beschluss VG Braunschweig, Az. 5 B 284/06, vom 19.10.2006.
[12] Bei der Sicherstellung von Bargeld wird zunächst grundsätzlich ein Strafermittlungsverfahren wegen Geldwäsche(-verdachtes) gem. § 261 StGB eingeleitet; nach Verfahrenseinstellung (insbesondere gem. § 170 Abs. 2 StPO) schließt sich das PräGe-Verfahren an.
[13] Vgl. Präventive Gewinnabschöpfung – Wikipedia – (Stand: 23.08.2009).

3. wenn sie von einer Person mitgeführt wird, die nach diesem Gesetz oder anderen Rechtsvorschriften festgehalten wird, und sie oder ein anderer die Sache verwenden kann, um ...

§ 27 Verwahrung

(1) [1]Sichergestellte Sachen sind in Verwahrung zu nehmen. [2]Lässt die Beschaffenheit der Sachen das nicht zu oder erscheint die Verwahrung bei der Verwaltungsbehörde oder der Polizei unzweckmäßig, so sind die Sachen auf andere geeignete Weise aufzubewahren oder zu sichern.
(2) [1]Der Person, bei der eine Sache sichergestellt wird, ist eine Bescheinigung auszustellen, die den Grund der Sicherstellung erkennen lässt und die sichergestellten Sachen bezeichnet. [2]Kann nach den Umständen des Falles eine Bescheinigung nicht ausgestellt werden, so ist über die Sicherstellung eine Niederschrift aufzunehmen, die auch erkennen lässt, warum eine Bescheinigung nicht ausgestellt worden ist. [3]Die Eigentümerin oder der Eigentümer oder die Person, die rechtmäßig die tatsächliche Gewalt innehat, ist unverzüglich über die Sicherstellung zu unterrichten.

§ 28 Verwertung, Vernichtung

(1) Die Verwertung einer sichergestellten Sache ist zulässig, wenn
1. ihr Verderb oder eine wesentliche Wertminderung droht,
2. ihre Verwahrung, Pflege oder Erhaltung mit unverhältnismäßig hohen Kosten oder Schwierigkeiten verbunden ist,
3. sie infolge ihrer Beschaffenheit nicht so verwahrt werden kann, dass weitere Gefahren für die öffentliche Sicherheit ausgeschlossen sind,
4. sie nach einer Frist von einem Jahr nicht an eine berechtigte Person herausgegeben werden kann, ohne dass die Voraussetzungen der Sicherstellung erneut eintreten würden, oder
5. die berechtigte Person sie nicht innerhalb einer ihr gesetzten angemessenen Frist abholt; die Fristsetzung ist zuzustellen und muss den Hinweis enthalten, dass die Sache nach fruchtlosem Ablauf der Frist verwertet werde.
(2) [1]Personen, denen ein Recht an der Sache zusteht, sollen vor der Verwertung gehört werden. [2]Die Anordnung sowie die Zeit und der Ort der Verwertung sind ihnen mitzuteilen, soweit die Umstände und der Zweck der Maßnahmen es erlauben.
(3) [1]Die Sache wird durch öffentliche Versteigerung verwertet. [2]§ 979 des Bürgerlichen Gesetzbuches gilt entsprechend. [3]Bleibt die Versteigerung erfolglos, erscheint sie von vornherein aussichtslos oder würden die Kosten der Versteigerung voraussichtlich den zu erwartenden

Erlös übersteigen, so kann die Sache freihändig verkauft werden.
[4]Kann die Sache innerhalb angemessener Frist nicht verwertet werden, so darf sie einem gemeinnützigen Zweck zugeführt werden.
(4) [1]Sichergestellte Sachen können unbrauchbar gemacht oder vernichtet werden, wenn
1. im Fall einer Verwertung die Gründe, die zu ihrer Sicherstellung berechtigen, fortbestehen oder Sicherstellungsgründe erneut entstehen würden oder
2. die Verwertung aus anderen Gründen nicht möglich ist.
[2]Absatz 2 gilt sinngemäß.

---

§ 29 Herausgabe sichergestellter Sachen oder des Erlöses; Kosten

(1) [1]Sobald die Voraussetzungen für die Sicherstellung weggefallen sind, sind die Sachen an diejenige Person herauszugeben, bei der sie sichergestellt worden sind. [2]Ist die Herausgabe an sie nicht möglich, so können die Sachen an eine andere Person herausgegeben werden, die ihre Berechtigung glaubhaft macht. [3]Die Herausgabe ist ausgeschlossen, wenn dadurch erneut die Voraussetzungen für eine Sicherstellung eintreten würden.
(2) [1]Sind die Sachen verwertet worden, so ist der Erlös herauszugeben. [2]Ist eine berechtigte Person nicht vorhanden oder nicht zu ermitteln, so ist der Erlös nach den Vorschriften des Bürgerlichen Gesetzbuches zu hinterlegen. [3]Der Anspruch auf Herausgabe des Erlöses erlischt drei Jahre nach Ablauf des Jahres, in dem die Sache verwertet worden ist.
(3) [1]Die Kosten der Sicherstellung fallen den nach § 6 oder 7 Verantwortlichen zur Last. [2]Mehrere Verantwortliche haften gesamtschuldnerisch. [3]Die Herausgabe der Sache kann von der Zahlung der Kosten abhängig gemacht werden. [4]Ist eine Sache verwertet worden, so können die Kosten aus dem Erlös gedeckt werden. [5]Die Kosten können im Verwaltungszwangsverfahren beigetrieben werden.
(4) § 983 des Bürgerlichen Gesetzbuches bleibt unberührt.

Die Gefahrenabwehrgesetze der anderen Bundesländer und das Bundespolizeigesetz (BPolG) sind in diesem Bereich dem Nds. SOG weitgehend ähnlich.

§ 983 BGB[14] bleibt zwar, wie z.B. § 29 Abs. 4 Nds. SOG zu entnehmen ist, unberührt (vgl. Nr. 75 Abs. 4 RiStBV, bis zum 31.12.2007: Nr. 75 Abs. 5 RiStBV); hat aber erheblich – auch durch das Gesetz zur Stärkung der Rückgewinnungshilfe und der Vermögensabschöpfung bei Straftaten vom 24.10.2006 – an Relevanz verloren.[15]

1.2 Systematische Anwendung

Um die Jahreswende 2002/2003 wurde auf der Grundlage von zwei verwaltungsgerichtlichen Entscheidungen[16], die durch Obergerichte ihre Bestätigung fanden[17], die PräGe zunächst für den Bereich der Stadt Osnabrück in Absprache zwischen der Staatsanwaltschaft Osnabrück, der Stadt Osnabrück als Verwaltungsbehörde und der Polizeiinspektion Osnabrück-Stadt systematisiert („Osnabrücker Modell").

Meine erste thematische Veröffentlichung[18], in der ich auch Osnabrücker Materialien (polizeiliche Dienstanweisung, Hausverfügung der Staatsanwaltschaft Osnabrück, Musterverfügungen „Sicherstellung") angeboten habe, zog zig Anfragen und Materialanforderungen nach sich. Später habe ich eine „PräGe-Monografie" verfasst.[19]

---

[14] Unanbringbare Sachen bei Behörden (als Titel).

[15] „Bisher behalf sich die Praxis – abgesichert durch die Rechtsprechung des Bundesgerichtshofes (BGH, NStZ 1984, 409 f.; vgl. auch RiStBV Nr. 75 Abs. 5) – bei durch Eigenmacht in Besitz gebrachten Gegenständen damit, eine Rückgabe an den Täter über eine entsprechende Anwendung der Fundvorschriften zu vermeiden. Die Neuregelung macht nicht nur diesen Rückgriff entbehrlich, sondern erfasst zugleich die Fälle, in denen Forderungen und andere Vermögenswerte betroffen sind." (Deutscher Bundestag – 16. Wahlperiode, Drucksache 16/700, S. 14 - Zu Nummer 6)

[16] Urteil VG Karlsruhe, Az. 9 K 2018/99, vom 10.05.2001 (Sicherstellung von ca. 2000 Gegenständen) und Urteil VG Berlin, Az. VG 1 A 173.98, vom 02.02.2000 (Sicherstellung von 155.000 DM Bargeld).

[17] Beschluss VGH Baden-Württemberg, Az. 1 S 1710/01, vom 20.02.2002 (zu dem vorgenannten Urteil des VG Karlsruhe) und Beschluss OVG Berlin, Az. OVG 1 N 13.00, vom 16.09.2002 (zu dem vorgenannten Urteil des VG Berlin).

[18] *Hunsicker*, Präventive Gewinnabschöpfung – Sicherstellung/Verwertung von Gegenständen und Bargeld aus präventiv-polizeilichen Gründen, in: Kriminalistik 4/03, S. 234 ff.

[19] *Hunsicker*, Präventive Gewinnabschöpfung (PräGe) in Theorie und Praxis – Sicherstellung, Verwahrung und Verwertung von Gegenständen und (Bar-)Geld aus Gründen der Gefahrenabwehr in Kooperation von Polizei, Staatsanwaltschaft und Kommune (Osnabrücker Modell), 3. überarb. & erw. Auflage (2008) – Arbeitshilfe, 175 Seiten, Verlag für Polizeiwissenschaft, Frankfurt/Main.

Diverse Veröffentlichungen und Vorträge zu dieser Thematik haben sicherlich auch dazu beigetragen, dass durch die Polizei- oder Verwaltungsbehörden – je nach sachlicher Zuständigkeit – mehr und mehr PräGe-Verfahren zur Einleitung und Durchführung kamen. Mit oder ohne Widerspruchsverfahren[20] folgten, was aus Gründen der Rechtssicherheit zu begrüßen ist, verwaltungsgerichtliche Entscheidungen.

In der Mehrzahl der Bundesländer kommt das PräGe-Verfahren zur Anwendung, was zum Teil durch Verwaltungsgerichte der 1. und auch der 2. Instanz, die die PräGe in der Regel bestätigt haben, belegt ist.[21] Inzwischen kenne ich an die zwanzig solcher Verfahren, die – datenschutzrechtlich bereinigt – im Volltext in einem Sammelband veröffentlicht sind[22]. Bei weiteren Verwaltungsgerichten stehen demnächst Entscheidungen an (nach meiner Kenntnis beim OVG Berlin-Brandenburg und beim VG Köln).

1.3   Optimierung des Strafrechts – PräGe aber weiter von Bedeutung

Auch nach Inkrafttreten des *„Gesetzes zur Stärkung der Rückgewinnungshilfe und der Vermögensabschöpfung bei Straftaten vom 24.10.2006"*[23] bleibt weiterhin Raum für die PräGe.[24] Mit diesem Gesetz können Straftätern die Gewinne aus Straftaten im Rahmen der Strafverfolgung leichter entzogen werden [Stärkung der Rückgewinnungshilfe (Opferschutz), Auffangrechtserwerb des Staates]. Das Gesetz setzt aber voraus, dass ein Strafermittlungsverfahren mit einer Hauptverhandlung abschließt; daneben erstreckt § 409 StPO die Möglichkeit der Gerichte, Entscheidungen nach § 111i Abs. 2 und 3 StPO zu treffen, auch auf das Strafbefehlsverfahren.

---

[20] Einige Bundesländer haben das Widerspruchsverfahren in den meisten Rechtsbereichen befristet ausgesetzt oder wollen es sogar abschaffen.

[21] Baden-Württemberg (VG Karlsruhe, VGH Baden-Württemberg), Bayern (Bay. VG Ansbach, Bay. VG Regensburg), Berlin (VG Berlin, OVG Berlin), Niedersachsen (VG Braunschweig, VG Osnabrück, VG Stade, OVG Nds. Lüneburg), Nordrhein-Westfalen (VG Aachen), Rheinland-Pfalz (VG Koblenz).

[22] *Hunsicker*, Präventive Gewinnabschöpfung (PräGe) – Entscheidungssammlung in Volltexten (Sammelband), 2., überarbeitete & erweiterte Auflage (Mai 2009), 226 Seiten, GRIN Verlag, München/Ravensburg.

[23] BGBl. I Nr. 49/2006, S. 2350.

[24] *Hunsicker*, Rückgewinnungshilfe und Vermögensabschöpfung bei Straftaten – Entwurf eines Gesetzes zur Stärkung dieser Instrumente, in: Kriminalistik 10/2006, S. 615 ff.

Aber: Etwa 3/4 aller angezeigten Straftaten werden nicht vor ein Gericht gebracht, sondern durch die Staatsanwaltschaft abschließend bearbeitet, weil es in praktisch allen diesen Fällen vor Gericht entweder zu einem absehbaren Freispruch oder auch zu einer Einstellung wegen Geringfügigkeit gekommen wäre.[25] Folglich entfällt bei 3/4 aller angezeigten Straftaten eine strafrechtliche Gewinn- bzw. Vermögensabschöpfung.

Somit: Die mit PräGe-Verfahren befassten Verwaltungsgerichte haben – soweit bekannt – unisono entschieden, dass sich nach Abschluss staatsanwaltschaftlicher Ermittlungsverfahren Maßnahmen zur Gefahrenabwehr – hier als PräGe – anschließen können, denn die Staatsanwaltschaft ist nur Strafverfolgungsorgan und für außerhalb eines Ermittlungs- oder Strafverfahrens erfolgende Präventivmaßnahmen einer Polizei- oder Verwaltungsbehörde nicht zuständig.

Da es um Maßnahmen der Gefahrenabwehr geht, kommt es nicht darauf an, ob der Betroffene wegen der ihm zur Last gelegten Straftaten verurteilt worden ist. Auch noch nicht abgeschlossene Verfahren und eingestellte Verfahren können Berücksichtigung finden, soweit ein Restverdacht verbleibt und keine Einstellung oder ein Freispruch wegen erwiesener Unschuld erfolgt ist. Dies verstößt nicht gegen die im Rechtsstaatsprinzip verankerte Unschuldsvermutung.[26]

---

[25] Vgl. Staatsanwaltschaften Niedersachsen – Aufgaben der Staatsanwaltschaft, unter: http://www.staatsanwaltschaften.niedersachsen.de/.

[26] Im Gefahrenabwehrrecht findet die Unschuldsvermutung grundsätzlich keine Anwendung. Das Gefahrenabwehrrecht folgt insoweit anderen Maßgaben als das Strafprozessrecht. Maßnahmen der Gefahrenabwehr sind unabhängig von einer „Schuld" im juristischen Sinne; auch findet hier keine formalisierte Beweisaufnahme statt, und es kommt nicht zu einem Schuldspruch. Eingriffe im Zusammenhang mit Gefahrenabwehrmaßnahmen sind aber grundsätzlich nur möglich bei Vorliegen einer Gefahr im polizeirechtlichen Sinne und dürfen grundsätzlich nur gegen einen Gefährder angewendet werden., unter: http://de.wikipedia.org/wiki/Unschuldsvermutung.

1.4 Zustimmung und Kritik

Zustimmung durch
Rechtsanwalt Barthel[27], der sich zur Verfassungsmäßigkeit der PräGe wie folgt einlässt

> *„Es sei nochmals dargetan, dass die referierte Entscheidung des BVerfG*[28] *geeignet ist, sämtliche vorgebrachten verfassungsrechtlichen Bedenken gegen das Rechtsinstitut der präventiven Gewinnabschöpfung zu zerstreuen."*[29],

um dann so abzuschließen:

> *„Die gefahrenabwehrrechtlich fundamentierte präventive Gewinnabschöpfung durch die kommunalen Ordnungsbehörden stellt ein innovatives Instrumentarium dar, dessen Anwendungskonstellationen in der Verwaltungspraxis als verwaltungs- und verfassungsrechtlich gesichert gelten können. Die Zukunft wird zeigen, ob steigende Fallzahlen die Erreichung des Ziels der Schließung von Gerechtigkeitslücken zu befördern vermögen. Der niedersächsische Innenminister steht in vollem Maße hinter dem innovativen Rechtsinstitut.*[(113)] *Eine weitere Evaluation erscheint indessen durchaus angebracht.*[(114)]*"*[30]

Dazu: Das BVerfG hat sich in seinem Beschluss – 2 BvR 564/95 – vom 14.01.2004 zu § 73d StGB („Erweiterter Verfall ist mit dem Grundgesetz vereinbar") mit präventiv-ordnenden Zielen, die auch für die PräGe als Orientierung dienen können, befasst und u.a. entschieden:

- *Der Gesetzgeber sieht in der Gewinnabschöpfung also nicht die Zufügung eines Übels, sondern die Beseitigung eines Vorteils, dessen Verbleib den Täter zu weiteren Taten verlocken könnte. ... (Absatz 65)*

---

[27] *Barthel*, Sicherstellung und Verwertung aus kriminellen Handlungen erlangten Gegenständen durch die Ordnungsbehörde („Präventive Gewinnabschöpfung") – Fallbearbeitung: Ordnungsrecht, in: Deutsche Verwaltungspraxis (DVP) 7/2005, S. 276 ff. **und** Präventive Gewinnabschöpfung als neue Aufgabe der kommunalen Ordnungsbehörden, in: Kommunaljurist (KommJur) 3/2009, S. 81 ff.

[28] Beschluss v. 14.01.2004 – 2 BvR 564/95 – (Titel: „Erweiterter Verfall ist mit dem Grundgesetz vereinbar").

[29] Präventive Gewinnabschöpfung als neue Aufgabe der kommunalen Ordnungsbehörden, a.a.O.

[30] A.a.O.

- *... Der korrigierende Eingriff aber, mit dem der Staat auf eine deliktisch entstandene Vermögenslage reagiert, ist nicht notwendig repressiv. Auch das öffentliche Gefahrenabwehrrecht erlaubt hoheitliche Maßnahmen, um Störungen zu beseitigen. Gefahrenabwehr endet nicht dort, wo gegen eine Vorschrift verstoßen und hierdurch eine Störung der öffentlichen Sicherheit bewirkt wurde. Sie umfasst auch die Aufgabe, eine Fortdauer der Störung zu verhindern (...).* (Absatz 68)

Erwartungsgemäß ergab sich auch sachliche bis unsachliche Kritik.

Rechtsanwalt Back rezensierte nach Erscheinen der 1. Auflage meiner Monografie „Präventive Gewinnabschöpfung in Theorie und Praxis ...“:

„... Ah ja, hier hat ein findiger Beamter endlich einmal einen neuen Ausweg aus der Finanzkrise der Städte und Gemeinden gefunden. Jetzt wird nicht mehr der Kleinbürger an der Parkuhr geschröpft, sondern der vermögende Straftäter, dem das Geld ja eh nicht zusteht. Generationen von Juristen haben sich darüber geärgert, daß es für die strafrechtliche Verurteilung nicht gereicht hat und dann dem Verbrecher auch noch das Geld wieder zurückgegeben werden muß. Nunmehr hat endlich einmal jemand eine Lösung gefunden und praktiziert dies auch noch erfolgreich und kann sich auch noch auf 2 Urteile von Verwaltungsgerichten stützen. ... [31].

Prof. Dr. Waechter kommt zu folgendem Ergebnis:

„ § 983 BGB und die Sicherstellungsvorschriften des Gefahrenabwehrrechts eignen sich nicht zur gezielten Gewinnabschöpfung, weil diese kompetenziell zum Strafrecht gehört. Gewinnabschöpfung kann allerdings zwangsläufig Folge der Anwendung von § 983 BGB sein. Durch eine Sicherstellung nach Gefahrenabwehrrecht kommt es zu einer effektiven Gewinnabschöpfung erst bei einer Entscheidung über die Herausgabe. Dafür verweisen die Polizeigesetze wieder auf § 983 BGB. Deswegen hat die sogenannte ‚präventive Gewinnabschöpfung' keinen über § 983 BGB hinausreichenden sinnvollen Anwendungsbereich. Eine vorläufige, befristete Sicherstellung durch Besitzentziehung zwecks Eigentumsschutzes für Dritte bzw. zur Abwehr gegenwärtiger Gefahren

---

[31] http://www.fachbuchkritik.de/html/gewinnabschopfung.html.

ist dagegen über das Polizeirecht möglich. Die Sicherstellung von Geld zwecks Abwehr einer gegenwärtigen Gefahr dürfte in der Regel schwer zu begründen sein. Für eine deutliche Ausweitung der gezielten Gewinnabschöpfung über den erweiterten Verfall hinaus müsste der Gesetzgeber tätig werden. "[32]

Referendar Thiée meint:

„Polizeibehörden versuchen zusehends die Praxis durchzusetzen Gelder, bei denen eine Beschlagnahme nicht durch das Gericht gemäß § 98 StPO bestätigt wurde, über Regelungen in den Polizeigesetzen sicherzustellen. Dies erfolgt vor allem bei Geldern von Beschuldigten, denen Handel mit BtM vorgeworfen wird. In dieser Praxis ist ein Versuch einer Umgehung der strafrechtlichen Verdachtsbegriffe zu sehen und es ist ein weiteres Beispiel der Verpolizeilichung des Strafprozesses." *[...] Der Versuch der Etablierung einer Präventiven Gewinnabschöpfung ist ein politischer Vorstoß der Polizeibehörden, um das eigene Budget aufzufüllen. Rechtlich erscheint das Vorgehen mehr als fragwürdig. Doch das gesellschaftliche Grundproblem ist primär nicht das Polizeirecht, sondern die prohibitive Drogenpolitik, die gehässigen Pedanten eine Spielwiese eröffnet, unter dem Deckmantel der Gefahrenabwehr anderen Bürgern ihr Geld wegzunehmen.* "[33]

Hüls / Reichling folgern zum Schluss (4. Fazit):

„... Konnte ein Freispruch oder eine Verfahrenseinstellung erzielt und die Einziehung oder der Verfall nach den Regeln des StGB verhindert werden, droht dennoch nach Abschluss des Strafverfahrens der Eigentumsverlust durch die sog. präventive Gewinnabschöpfung.
Kann bei der Vermögensabschöpfung durch Verzicht die Entziehung des Vermögens noch durch die schlichte Verweigerung des Einverständnisses, also des Verzichts, vermieden werden, führt die präventive Gewinnabschöpfung unmittelbar zum Verlust des Besitzes und schließt

---

[32] Präventive Gewinnabschöpfung, in: Zeitschrift für öffentliches Recht in Norddeutschland (NordÖR) 11/2008, S. 473 ff.; **dazu** *Hunsicker*, Präventive Gewinnabschöpfung (PräGe) – Replik auf die Abhandlung von Prof. Dr. Kay Waechter in NordÖR 11/2008, Seiten 473 ff., in: NordÖR 2/2009, S. 62 f.

[33] „Präventive Gewinnabschöpfung": Wenn Polizeibeamte Winkeladvokaten spielen, in: Strafverteidiger (StV) 2/2009, S. 102 ff.; **dazu** *Hunsicker*, Präventive Gewinnabschöpfung (PräGe): Entgegnung auf Philipp Thiée in StV 2/2009, Seiten 102 ff., unter: http://ernsthunsicker.de/ (Menüpunkt: Entgegnung auf Thiée zur PräGe).

> *nach dem Konzept der Polizei auch zum endgültigen Verlust des Eigentums an sichergestellten Sachen und Bargeld, so dass Sicherstellung und Verwertung mit Rechtsmitteln angegriffen werden müssen. Die präventive Gewinnabschöpfung kann – wenn überhaupt – nur dann zu legitimieren sein, wenn strenge Anforderungen an die Voraussetzungen der gegenwärtigen Gefahr gestellt werden. Diese zu erfüllen erscheint für die Sicherstellung von Bargeld nahezu unmöglich."*

Diese teils unsachliche bis hämische Kritik (*Back, Thiée*) und die Feststellung, dass sich die Verwaltungsgerichte der 1. und der 2. Instanz mit der Verfassungsmäßigkeit der PräGe nur punktuell befasst haben, waren Veranlassung, mich dazu ausführlich einzulassen.[34]

1.5 Prognose

Die bisherige Entwicklung, insbesondere die

- landesweite Erlassregelung in Niedersachsen[35], die inhaltlich auch wohl weitere Bundesländer so oder ähnlich anstreben,
- Vorreiterrolle der Stadtverwaltung Osnabrück mit – Stand Juni 2009 – insgesamt **91 Verfahren** seit dem Jahr 2003 (53 abgeschlossene Verfahren mit einem Gesamtwert von 450.000 Euro, 27 Verfahren mit einem Gesamtwert von knapp 75.000 Euro in Bearbeitung bzw. in der Vorprüfung, 11 Verfahren nach Prüfung nicht durchgeführt bzw. Streitgegenstände an die Betroffenen herausgegeben oder Verwertung nicht möglich),
- Anzahl von **70 weiteren Verfahren** durch andere Kommunen im Land Niedersachsen, davon 16 abgelehnte Verfahren bzw. aufgehobene Sicherstellungen (Stand: Ende 2008),
- Zunahme an verwaltungsgerichtlichen Entscheidungen, in denen regelmäßig die polizeibehördlichen bzw. verwaltungsbehördlichen PräGe-Verfügungen bestätigt werden,

geben Hoffnung, dass sich dieses Rechtsinstitut zunehmend stabilisiert und mehr und mehr flächendeckend zur Anwendung kommt. Ich be-

---

[34] *Hunsicker*, Verfassungsmäßigkeit der Präventiven Gewinnabschöpfung (PräGe) – Beurteilung der Verfassungsmäßigkeit unter Einbindung der BVerfG-Entscheidung zum erweiterten Verfall (§ 73d StGB) und der einschlägigen Rechtsprechung (PräGe), 35 Seiten, GRIN Verlag München/Ravensburg (Mai 2009).
[35] Vgl. Fn. 4.

mühe mich, „am Ball zu bleiben" und verweise auf meine Homepage[36], wo u.a. verwaltungsgerichtliche Entscheidungen und Literaturhinweise aufgelistet sind.

Ergebnisse – wie vorstehend aufgeführt – sind nur dann zu erzielen, wenn die Zusammenarbeit zwischen Staatsanwaltschaft, Polizei und ggf. Verwaltungsbehörde, wie insbesondere in Osnabrück erfolgreich praktiziert, funktioniert.

---

[36] http://ernsthunsicker.de/, Menüpunkt „Präventive Gewinnabschöpfung (PräGe)".

2. Vergleichbarkeit (materielles und formelles Strafrecht); Grundvoraussetzungen Österreich und Schweiz

2.1 Vergleichbarkeit (materielles und formelles Strafrecht)

Eine unmittelbare Vergleichbarkeit zum materiellen und formellen Strafrecht lässt sich zwischen den drei Ländern zu den relevanten Rechtsgebieten nicht herstellen (vgl. Anhang 1). Die Vorschriften haben aber die gleiche Intention, die auf folgende – vereinfachte – Formel zu bringen ist:
- Entzieht den Straftätern die unrechtmäßig erlangten Gewinne sowie angesammeltes Vermögen.
- Entschädigt davon möglichst die rechtmäßigen Eigentümer oder sonst Berechtigte.
- Lasst die eingezogenen Sachen oder die eingezogenen Rechte letztendlich zu Gunsten des Staates verfallen.

Zwei Rechtssätze, die auf Zivilrecht (Österreich) und wohl auf Gefahrenabwehr (Schweiz) abzielen, sind beachtenswert:

- Wenn der Grund für die weitere Verwahrung sichergestellter Gegenstände wegfällt, sind diese sogleich jener Person auszufolgen, in deren Verfügungsmacht sie sichergestellt wurden, es sei denn, dass diese Person offensichtlich nicht berechtigt ist. In diesem Fall sind sie der berechtigten Person auszufolgen oder, wenn eine solche nicht ersichtlich ist und nicht ohne unverhältnismäßigen Aufwand festgestellt werden kann, nach § 1425 ABGB[37] gerichtlich zu hinterlegen. Die hievon betroffenen Personen sind zu verständigen. (§ 114 Abs. 2 Strafprozessreformgesetz/Österreich)
- Die Kantone sehen für den Fall, dass die Zusprechung nicht schon im Strafurteil möglich ist, ein einfaches und rasches Verfahren vor. (Art. 73 Abs. 3 StGB/Schweiz)

---

[37] **Gerichtliche Hinterlegung der Schuld – § 1425.** Kann eine Schuld aus dem Grunde, weil der Gläubiger unbekannt, abwesend, oder mit dem Angebotenen unzufrieden ist, oder aus andern wichtigen Gründen nicht bezahlt werden; so steht dem Schuldner bevor, die abzutragende Sache bei dem Gerichte zu hinterlegen; oder, wenn sie dazu nicht geeignet ist, die gerichtliche Einleitung zu deren Verwahrung anzusuchen. Jede dieser Handlungen, wenn sie rechtmäßig geschehen und dem Gläubiger bekannt gemacht worden ist, befreit den Schuldner von seiner Verbindlichkeit, und wälzt die Gefahr der geleisteten Sache auf den Gläubiger.

2.2 Grundvoraussetzungen Österreich und Schweiz

(Quasi-)analog zum deutschen Recht müssen nach meiner Bewertung zunächst folgende Grundvoraussetzungen für die Durchführung von PräGe-Verfahren gegeben sein:

- Einstellung eines (Strafermittlungs-)Verfahrens durch die Staatsanwaltschaft oder auch Anordnung des Gerichts auf Herausgabe von sichergestellten bzw. beschlagnahmten Sachen (Gegenstände, Bargeld).

- Es verbleibt ein Restverdacht; es ist keine Einstellung oder ein Freispruch wegen erwiesener Unschuld erfolgt.

- Repressiv sichergestellte/beschlagnahmte Gegenstände, die offenbar deliktischen Ursprungs sind, können konkreten Straftaten und somit Eigentümern oder sonst Berechtigten nicht zugeordnet werden **und/oder**
  Gegenstände (in Bezug auf Hehlereidelikte) oder Bargeldbeträge (in Verbindung mit z.B. Drogenhandel, illegalem Zigarettenhandel, Enkeltrickbetrug) sind dem „kriminellen Kreislauf" zu entziehen.

- Außer dem primären Strafrecht (formell, materiell) greifen andere Gesetze (insbesondere Zivil-, Steuer-[38], Zollrecht), die auch alternativ zur Gefahrenabwehr in Betracht kommen können, nicht, um die Rückgabe der Sachen an (vorher) beschuldigte Personen zu unterbinden.

- In der Konsequenz daraus können evtl. – was einer nachfolgenden Prüfung bedarf – Sachen nach dem Sicherheitspolizeigesetz (Österreich) bzw. nach kantonalen Polizeigesetzen (Schweiz) sichergestellt werden.

---

[38] Im Bereich der Bekämpfung der organisierten Kriminalität verfolgt die Polizei Basel-Landschaft seit vier Jahren eine neue Doktrin. In Strafverfahren, in denen grössere Geldbeträge feststellt werden und die Herkunft unklar ist bzw. keinem Delikt zugeordnet werden kann, hat die Polizei die Steuerrevision verständigt. So wurde in mehreren Strafverfahren und in enger Zusammenarbeit über 1,5 Mio. Nach- und Strafsteuern eingeholt (unabhängig vom Strafverfahren)., unter: http://www.baselland.ch/2004-323-htm.278366.0.html.

3. Österreich

3.1 Einschätzung zur Gewinnabschöpfung (Jahr 2002)

„*Zwettler*[39]: *Die Finanzermittlungen und die Abschöpfung sind zentrale Anliegen, die wir mit dem Bundeskriminalamt verwirklichen wollen. Wir erhoffen uns davon wesentlich größere Erfolge bei der Bekämpfung der Drogenkriminalität, aber auch der Schlepperkriminalität.*

Reicht das rechtliche Instrumentarium für die Gewinnabschöpfung aus?

Zwettler: Es fehlen in Österreich Erfahrungswerte. Das rechtliche Instrumentarium dürfte ausreichen. Nur ist es bisher zu selten angewendet worden, um auf gewisse Routinen bei der Kooperation zwischen Sicherheitsbehörde und Justiz zurückgreifen zu können. Das ist ein Punkt, den wir uns im Bundeskriminalamt als Erstes vorgenommen haben, um hier die entsprechenden Schienen zu legen."[40]

3.2 Sicherheitspolizeigesetz (SPG)

Mit dem 01.01.2006 sind wesentliche Änderungen des Sicherheitspolizeigesetzes (SPG) – als ein Bundesgesetz – in Kraft getreten.[41] Folgende Rechtssätze können für die PräGe von Bedeutung sein (PräGe-Relevanz in *Kursivschrift*):

---

3. Hauptstück
Begriffsbestimmungen

Allgemeine Gefahr; gefährlicher Angriff; Gefahrenerforschung

§ 16. (1) Eine allgemeine Gefahr besteht
1. bei einem gefährlichen Angriff (Abs. 2 und 3)
oder

---

[39] Mag. *Erich Zwettler*, seit 1. Oktober 2002 Leiter der Abteilung 3 („Ermittlungen – allgemeine und organisierte Kriminalität") im neuen Bundeskriminalamt, über aktuelle Kriminalitätsphänomene, ihre Bekämpfung und die internationale Zusammenarbeit.
[40] Öffentliche Sicherheit – Das Magazin des Innenministeriums, Nr. 11-12/2002.
[41] Stand BGBl. I Nr. 56/2006.

2. sobald sich drei oder mehr Menschen mit dem Vorsatz verbinden, fortgesetzt gerichtlich strafbare Handlungen zu begehen (kriminelle Verbindung).

(2) Ein gefährlicher Angriff ist die Bedrohung eines Rechtsgutes durch die rechtswidrige Verwirklichung des Tatbestandes einer gerichtlich strafbaren Handlung, die vorsätzlich begangen und nicht bloß auf Begehren eines Beteiligten verfolgt wird, sofern es sich um einen Straftatbestand

1. nach dem Strafgesetzbuch (StGB), BGBl. Nr. 60/1974, ausgenommen die Tatbestände nach den §§ 278, 278a und 278b StGB, oder
2. nach dem Verbotsgesetz, StGBl. Nr. 13/1945, oder
3. nach dem Fremdenpolizeigesetz 2005 (FPG), BGBl. I Nr. 100, oder
4. nach dem Suchtmittelgesetz (SMG), BGBl. I Nr. 112/1997,

handelt, es sei denn um den Erwerb oder Besitz eines Suchtmittels zum eigenen Gebrauch.

(3) Ein gefährlicher Angriff ist auch ein Verhalten, das darauf abzielt und geeignet ist, eine solche Bedrohung (Abs. 2) vorzubereiten, sofern dieses Verhalten in engem zeitlichen Zusammenhang mit der angestrebten Tatbestandsverwirklichung gesetzt wird.

(4) Gefahrenerforschung ist die Feststellung einer Gefahrenquelle und des für die Abwehr einer Gefahr sonst maßgeblichen Sachverhaltes.

Vorbeugender Schutz von Rechtsgütern

§ 22. (1) Den Sicherheitsbehörden obliegt der besondere Schutz
1. von Menschen, die tatsächlich hilflos sind und sich deshalb nicht selbst ausreichend vor gefährlichen Angriffen zu schützen vermögen;
2. der verfassungsmäßigen Einrichtungen und ihrer Handlungsfähigkeit;
3. der Vertreter ausländischer Staaten, internationaler Organisationen und anderer Völkerrechtssubjekte, der diesen zur Verfügung stehenden amtlichen und privaten Räumlichkeiten sowie des ihnen beigegebenen Personals in dem Umfang, in dem dies jeweils durch völkerrechtliche Verpflichtung vorgesehen ist;
4. *von Sachen, die ohne Willen eines Verfügungsberechtigten gewahrsamsfrei wurden und deshalb nicht ausreichend vor gefährlichen Angriffen geschützt sind;*
5. von Menschen, die über einen gefährlichen Angriff oder eine kriminelle Verbindung Auskunft erteilen können und deshalb besonders ge-

fährdet sind, sowie von allenfalls gefährdeten Angehörigen dieser Menschen.

(1a) Die Entgegennahme, Aufbewahrung und Ausfolgung verlorener oder vergessener Sachen obliegt dem Bürgermeister als Fundbehörde. Der österreichischen Vertretungsbehörde obliegt die Entgegennahme der im Ausland verlorenen oder vergessenen Sachen und deren Übergabe an die Fundbehörde, in deren Wirkungsbereich der Eigentümer oder rechtmäßige Besitzer seinen Wohnsitz oder Aufenthalt hat, zum Zweck der Ausfolgung.

(2) Die Sicherheitsbehörden haben gefährlichen Angriffen auf Leben, Gesundheit, Freiheit, Sittlichkeit, *Vermögen* oder Umwelt *vorzubeugen, sofern solche Angriffe wahrscheinlich sind.*

(3) Nach einem gefährlichen Angriff haben die Sicherheitsbehörden, unbeschadet ihrer Aufgaben nach der Strafprozeßordnung 1975 (StPO), BGBl. Nr. 631/1975, die maßgebenden Umstände, einschließlich der Identität des dafür Verantwortlichen, zu klären, soweit dies zur Vorbeugung weiterer gefährlicher Angriffe erforderlich ist. Sobald ein bestimmter Mensch der strafbaren Handlung verdächtig ist, gelten ausschließlich die Bestimmungen der StPO; die §§ 57 und 58 sowie die Bestimmungen über den Erkennungsdienst bleiben jedoch unberührt.

(4) Hat die Sicherheitsbehörde Grund zur Annahme, es stehe ein gefährlicher Angriff gegen Leben, Gesundheit, Freiheit oder Vermögen bevor, so hat sie die betroffenen Menschen hievon nach Möglichkeit in Kenntnis zu setzen. Soweit diese das bedrohte Rechtsgut deshalb nicht durch zumutbare Maßnahmen selbst schützen, weil sie hiezu nicht in der Lage sind, haben die Sicherheitsbehörden die erforderlichen Schutzmaßnahmen zu treffen. Verzichtet jedoch derjenige, dessen Rechtsgut gefährdet ist, auf den Schutz ausdrücklich, so kann er unterbleiben, sofern die Hinnahme der Gefährdung nicht gegen die guten Sitten verstößt.

Sicherstellen von Sachen

§ 42. (1) Die Organe des öffentlichen Sicherheitsdienstes sind ermächtigt, Sachen sicherzustellen,
1. wenn dies bei gefährlichen Angriffen dazu dient, eine (weitere) Bedrohung *des Lebens, der Gesundheit, der Freiheit oder des Eigentums von Menschen zu verhindern;*
2. die sich in der Gewahrsame eines Festgenommenen befinden und besonders geeignet sind, während dessen Anhaltung

a) seine eigene oder die körperliche Sicherheit anderer unmittelbar zu gefährden oder

b) ihm die Flucht zu ermöglichen oder zu erleichtern;

3. denen unbefugte Beschädigung oder Wegnahme droht, sofern der Eigentümer oder rechtmäßige Besitzer nicht in der Lage ist, selbst für ihren Schutz zu sorgen;

4. die von ihnen aufgefunden werden und sich in niemandes Gewahrsame befinden.

In den Fällen der Z 1 und 2 ist dem Betroffenen eine Bestätigung über die Sicherstellung auszustellen.

(2) Die nach Abs. 1 Z 1 bis 3 sichergestellten Sachen sind, sobald der Grund für ihre Verwahrung entfällt, auszufolgen, sonst der Sicherheitsbehörde zu übergeben. Diese hat sie, sofern nicht eine Beschlagnahme nach einem anderen Gesetz erfolgt, solange zu verwahren, bis die für ihre Sicherstellung maßgebliche Gefahr beseitigt ist; dann sind die Sachen ihrem Eigentümer oder rechtmäßigen Besitzer auszufolgen. Beschlagnahmte Gegenstände hat die Behörde nach den hierfür maßgeblichen Bestimmungen zu behandeln.

(3) Die nach Abs. 1 Z 4 sichergestellten Sachen sind, sofern sie nicht dem Eigentümer oder rechtmäßigen Besitzer ausgefolgt werden können oder nach einem anderen Gesetz zu beschlagnahmen sind, der örtlich zuständigen Fundbehörde (§ 14 Abs. 5) zu übergeben.

Entgegennahme, Verwahrung und Ausfolgung verlorener oder vergessener Sachen

§ 42a (1) Die Fundbehörde hat die in ihrem Wirkungsbereich aufgefundenen verlorenen oder vergessenen Sachen (Funde) entgegenzunehmen und dem Eigentümer oder rechtmäßigen Besitzer auszufolgen. Ist eine Ausfolgung nicht möglich, hat sie den Fund aufzubewahren und bei Funden, deren Wert 100 Euro übersteigt, durch Anschlag auf der Amtstafel oder sonst auf ortsübliche Weise bekannt zu machen. Funde, deren Wert 1 000 Euro übersteigt, sind in einer Weise bekannt zu machen, dass deren Auffindung einem größeren Personenkreis bekannt wird.

(2) Kann ein Fund nicht ohne bedeutsamen Wertverlust aufbewahrt werden oder verursacht die Aufbewahrung im Verhältnis zu seinem Wert unverhältnismäßig hohe Kosten, so ist die Fundbehörde zur Feilbietung der Sache und Aufbewahrung des Erlöses berechtigt. In diesem Fall ist anstelle der Sache der Erlös auszufolgen.

(3) Erwirbt der Finder Anwartschaft auf das Eigentum an dem Fund oder Erlös (§ 395 zweiter Tatbestand des Allgemeinen bürgerlichen Gesetzbuches), ist ihm dieser auszufolgen, sobald er bei der Behörde zur Ausfolgung erscheint. Beträgt der Wert des Fundes oder sein Erlös nicht mehr als 20 Euro, verfällt dieser, wenn ihn der Finder nicht binnen sechs Wochen nach Erwerb der Anwartschaft auf das Eigentum bei der Fundbehörde abholt. Bei einem Fund oder Erlös im Wert von mehr als 20 Euro hat die Fundbehörde den Finder schriftlich durch Zustellung zu eigenen Handen davon zu verständigen, dass dieser verfällt, wenn er ihn nicht binnen sechs Monaten ab Zustellung der Verständigung bei der Behörde abholt.

(4) Verfallene Sachen sind, sofern sie nicht wegen ihrer Beschaffenheit vernichtet werden müssen, nutzbringend zu verwerten. Die Einnahmen fließen jener Gebietskörperschaft zu, die den Aufwand durch die Verwaltung der Sache getragen hat. Nähere Vorschriften über die Verwertung kann der Bundesminister für Inneres durch Verordnung regeln.

Verfall sichergestellter Sachen

§ 43. (1) War eine gemäß § 42 Abs. 1 Z 1 sichergestellte Sache innerhalb eines Zeitraumes von sechs Monaten nach der Sicherstellung nicht auszufolgen, weil die für die Sicherstellung maßgebliche Gefahr weiterbesteht oder weil der Behörde kein Eigentümer oder rechtmäßiger Besitzer bekannt wurde, so gilt sie als verfallen. Stellt der Eigentümer oder rechtmäßige Besitzer vor Ablauf der Frist einen Antrag auf Ausfolgung der Sache und ist anzunehmen, daß die für die Sicherstellung maßgebliche Gefahr nicht beseitigt werden kann, so hat die Behörde die Sache mit Bescheid für verfallen zu erklären.

(2) Ist der Verfall einer gemäß § 42 Abs. 1 Z 1 sichergestellten Sache verbindlich geworden, so ist die Sache zu verwerten oder, falls dies nicht möglich oder nicht zulässig ist, zu vernichten. Ein allenfalls erzielter Erlös ist dem Eigentümer, wenn er Adressat des Verfallsbescheides war oder wenn er dies binnen drei Jahren nach Eintritt des Verfalls verlangt, auszufolgen.

Sofern die vorstehend aufgeführten Grundvoraussetzungen (vgl. Nr. 2.2, Seite 24) erfüllt sein sollten, enthält das SPG Ansatzpunkte zur PräGe wie folgt:

- „Eigentumsschutz"
  §§ 22 Abs. 1 Z 4 (Vorbeugender Schutz von Rechtsgütern); 42 Abs.
  1 Z 1, Abs. 1 Z 3, Abs. 2 (Sicherstellung von Sachen, Ausfolgung
  bzw. Nicht-Ausfolgung); 43 (Verfall sichergestellter Sachen),
- „Abwehr einer gegenwärtigen Gefährdung"
  §§ 16 Abs. 1 Z 1, Abs. 2, Abs. 3 (allgemeine Gefahr, gefährlicher
  Angriff); 42 Abs. 1 Z 4, Abs. 3 (Sicherstellung von Sachen, die sich
  in niemandes Gewahrsam befinden; Übergabe an die örtlich zuständige Fundbehörde).

Die rechtlichen Voraussetzungen für den „Eigentumsschutz" sind im
SPG mit dem deutschen Recht vergleichbar und könnten folglich zur
Anwendung kommen.

Dagegen kennt das SPG zwar den Begriff „Abwehr einer gegenwärtigen Gefährdung" (wohl analog zu „Abwehr einer gegenwärtigen Gefahr" nach deutschem Recht), enthält aber in § 42 (Sicherstellung von
Sachen) keine entsprechende Eingriffsspezialität.
Hilfsweise könnte evtl. § 42 Abs. 1 Z 4 SPG (aufgefundene Sachen, die
sich in niemandes Gewahrsame befinden) i.V.m. § 42 Abs. 3 SPG (Ü-
bergabe an die örtliche Fundbehörde) herangezogen werden, aber § 42
Abs. 3 SPG verweist auf § 14 Abs. 5 SPG, wonach der Bürgermeister
Fundbehörde für alle verlorenen oder vergessenen Sachen ist, die in
seinem örtlichen Wirkungsbereich aufgefunden werden. Inkriminierte
Bargeldbeträge, die z.B. offensichtlich aus Drogenhandel, illegalem
Zigarettenhandel oder Enkeltrickbetrug hervorgegangen sind und aller
Voraussicht zur Begehung von Fortsetzungsstraftaten eingesetzt wer-
den sollen, fallen nicht unter verlorene oder vergessene Sachen im en-
geren Sinn.

4. Schweiz

4.1 Thematischer Hinweis im Internet

Nachdem ich den Begriff „Präventive Gewinnabschöpfung" für mich festgelegt hatte, bin ich im Internet auf eine Veröffentlichung von *Gropp/Huber*[42] gestoßen:

> „*b) Präventive Gewinnabschöpfung*
> Gewinnabschöpfung im Interesse einer Gefahrenabwehr findet man in den *USA* und in der *Schweiz*. Geht es dort um die Einziehung von Vermögenswerten einer kriminellen Organisation, bedarf es nicht einmal mehr des Nachweises der kriminellen Herkunft. Davon zu unterscheiden ist freilich die Einziehung für den Fall der Verurteilung."[43]

4.2 Die Realität

Diese Einschätzung scheint sich aber nicht mit unmittelbaren und realistischen Feststellungen aus der Schweiz zu decken. Dazu aus dem Kanton Basel-Landschaft:

> „[…] Weiter kann man dem Bericht entnehmen, dass es denkbar sei, über die Einziehung krimineller Vermögenswerte auch namhafte Erträge erzielen zu können. Bekannt ist, dass bei der Polizei ein Dienst ‚Organisierte Kriminalität' entstanden ist.
> Aus diesen Feststellungen ergeben sich folgende Fragen an den Regierungsrat: […]
>
> Frage 3:
> In einigen Bundesländern Deutschlands werden unter dem Begriff ‚Gewinnabschöpfung' hohe Geldbeträge, welche durch Wirtschaftskriminalität entstehen, eingezogen und fliessen danach in die Staatskasse. Wird in der Schweiz und besonders in unserem Kanton ebenfalls eine Art ‚Gewinnabschöpfung' betrieben?
> Diese in Deutschland und Österreich als Gewinnabschöpfung bezeichnete Massnahme wird in der Schweiz nur zögerlich eingesetzt. Das

---

[42] Rechtliche Initiativen gegen organisierte Kriminalität – Ein Projektbericht, Max-Planck-Institut für ausländisches und internationales Strafrecht, Freiburg im Breisgau, S. 10.
[43] Es war damals übrigens der einzige Hinweis auf dieses Rechtsinstitut in den Suchmaschinen.

BUR ist im Rahmen der gesetzlichen Möglichkeiten und seiner Ressourcen bestrebt, ,Gewinnabschöpfung' zu betreiben. Abgeschöpfte ,Gewinne' müssen jedoch, wenn Geschädigte vorhanden sind, zu deren Gunsten verwendet werden. Gerade bei Wirtschaftsdelikten bleibt deshalb für die Staatskasse erfahrungsgemäss nichts übrig (s. Art. 60 StGB, trotz der Kann-Vorschrift ist die Verwendung zu Gunsten der Geschädigten gemäss Praxis zwingend, wenn die aufgeführten Voraussetzungen erfüllt sind). Das BUR bedauert, dass es aufgrund des geltenden Rechts nicht möglich ist, dass der Staat seine Verfahrenskosten aus den beschlagnahmten bzw. eingezogenen Vermögenswerten decken kann, solange nicht alle Gläubiger befriedigt sind.

Frage 4:
Wenn nein, würden die gesetzlichen Grundlagen in unserem Kanton bestehen?
Die gesetzlichen Grundlagen sind im Strafgesetzbuch und in der Strafprozessordnung vorhanden."[44]

4.3   Fallbeispiel aus der Schweiz

„Anlässlich der bei X. durchgeführten Hausdurchsuchung kommen sowohl die gesuchte Tatwaffe wie auch eine ganze Menge weiterer Gegenstände, die vermutlich gestohlen sein dürften, zum Vorschein. Schliesslich findet man bei X. einen größeren Bargeldbetrag, der nicht eindeutig einem bestimmten Tatbestand zugeordnet werden kann.
Was geschieht mit der Tatwaffe? Was mit dem Deliktsgut?
Kann der Bargeldbetrag beschlagnahmt werden?
Wie ist vorzugehen, wenn die Gegenstände beschlagnahmt werden sollen?

Beschlagnahme im Allgemeinen
Art.263   Grundsätze der Beschlagnahme ...
Art.264 f. Herausgabepflicht und Editionsverweigerungsrecht ...
Art. 266   Durchführung der Beschlagnahme
Art. 267   Entscheid
                - Aufhebung der Beschlagnahme ...

---

[44] Beantwortung der Interpellation der SVP-Fraktion „Stand der Umsetzung des Besonderen Untersuchungsrichteramts (BUR) sowie den zusätzlichen Finanzermittlern bei der Polizei" vom 13. April 2005 (Nr. 2004-323), unter: http://www.baselland.ch/2004-323-htm.278366.0.html.

- Rückgabe an berechtigte Person vor Abschluss des Ver-
fahrens, wenn ein Gegenstand oder Vermögenswert dieser
Person unbestrittenermaßen durch die Straftat unmittelbar
entzogen wurde
- erheben mehrere Personen Anspruch, ...
- im Übrigen wird im Endurteil über beschlagnahmte Ge-
genstände oder Vermögenswerte entschieden
- sind Berechtigte nicht bekannt, schreiben StA oder Ge-
richt die Gegenstände oder Vermögenswerte zur Anmel-
dung von Ansprüchen öffentlich aus; erhebt innert fünf
Jahren niemand Anspruch, verfallen sie an Kanton oder
Bund

Einziehungsgründe des StGB

Art. 69 StGB   *Sicherungseinziehung*
Art.70 StGB   *Einziehung von Vermögenswerten*
                    - Konnex mit Straftat
                    - ausgeschlossen bei gutgläubigen Drittpersonen,
                    soweit ...
Art. 71 StGB   *Ersatzforderung*
Art. 72 StGB   *Einziehung von Vermögenswerten einer kriminellen*
                    Organisation
Art. 73 StGB   *Verwendung zu Gunsten des Geschädigten*

Vermögensbeschlagnahme

Art. 268   *Beschlagnahme zur Kostendeckung*
                - Beschlagnahme von Vermögen der beschuldigten
                Person ohne Konnex der Vermögenswerte zur Straf-
                tat
                - zur Deckung der Verfahrenskosten und Entschädi-
                gungen sowie der Geldstrafen und Bussen (nicht
                aber von Zivilforderungen)
- *...*
- *... ,,* [45]

---

[45] Kantonsrichter *Dr. Niklaus Oberholzer*, Vom St. Gallischen Strafprozeßgesetz zur eidgenössischen Strafprozessordnung – Öffentliche Vorlesung HSG – Anwaltswaltsausbildung – Sommersemester 2009 – Strafprozessrecht in 20 Kapiteln und 75 Fällen, S. 139 f. (Fall 51), unter: http:// www. gerichte.sg.ch/home/dienstleistungen/anwaltswesen/pruefungen.Par.0004.DownloadListPar.0002.File.tmp/StP-Vorlesung%20200209.pdf.

In Deutschland – wie auch wohl in der Schweiz ? – dürfte diese Fall-konstellation dazu führen, dass wegen der Zufallsfunde[46] (vermutlich gestohlene Gegenstände, größerer Bargeldbetrag) abgetrennte Verfahren eingeleitet und durchgeführt werden[47]. Sollte in diesen abgetrennten Verfahren die Herkunft der vermutlich gestohlenen Gegenstände und des größeren Bargeldbetrages ungeklärt bleiben und es zu einer Verfahrenseinstellung kommen, so könnten sich PräGe-Verfahren auf der Grundlage kantonaler Polizeigesetze anschließen.

4.4 Kantonale Polizeigesetze

Die vorstehenden Ausführungen von *Gropp/Huber* beziehen sich auf Art. 72 Schweizerisches Strafgesetzbuch (Einziehung von Vermögenswerten einer kriminellen Organisation). Art. 72 Schweizerisches Strafgesetzbuch hat aber mit der im deutschen Recht verankerten allgemeinen Gefahrenabwehr nichts gemeinsam; denn es handelt sich – wie die Bezeichnung deutlich macht – um Strafrecht.[48]

Dennoch kennt die Schweiz in den 26 Kantonen ein „kantonales Polizeirecht", das aber – wie das föderalistisch geprägte Gefahrenabwehrrecht in Deutschland[49] – erhebliche Unterschiede von Kanton zu Kanton aufweist. Das gilt auch für die gefahrenabwehrrechtliche (präventive) Sicherstellung pp., die teils mit dem deutschen Recht vergleichbar, teils aber als Spezialnorm gar nicht geregelt ist.

4.4.1 Beispiel Polizeigesetz (PolG) des Kantons Bern mit Spezialitäten (PräGe-Relevanz in *Kursivschrift*):[50]

Art. 40 Sicherstellung

1. Voraussetzungen

Die Kantonspolizei [Fassung vom 11. 3. 2007] kann eine Sache sicherstellen,

---

[46] Art. 243 E-StPO (2010) Zufallsfunde: …

[47] Art. 30 E-StPO (2010) Ausnahmen: Die Staatsanwaltschaft und die Gerichte können aus sachlichen Gründen Strafverfahren trennen oder vereinen.

[48] Möglicherweise wird auf spezial- und generalpräventive Ziele abgestellt.

[49] *Hunsicker*, Plädoyer für ein bundeseinheitliches Sicherheits- und Ordnungsgesetz (SOG) – Bestandsaufnahme, Bewertungen und Anregungen, in: Kriminalistik 8-9/2006, S. 523 ff.

[50] Gesamttext des Polizeigesetzes (PolG) des Kantons Bern vom 8.6.1997 (i.d.F. vom 11.3.2007), unter: http://www.sta.be.ch/belex/d/5/551_1.html.

a um eine Gefahr für die öffentliche Sicherheit und Ordnung abzuwehren oder
b um die Person, welche das Eigentum oder den rechtmässigen Besitz daran hat, vor Verlust oder Beschädigung der Sache zu schützen.

Art. 41

2. Durchführung

[1] *Der Person, bei welcher eine Sache sichergestellt wird, ist der Grund der Sicherstellung mitzuteilen.*
[2] *Über die sichergestellten Sachen wird ein Verzeichnis angelegt. Den Betroffenen wird auf Verlangen eine Kopie abgegeben.*
[3] *Die Sachen werden gekennzeichnet und amtlich verwahrt.*

Art. 42

3. Verwertung, Einziehung

[1] *Eine gestützt auf Artikel 40 sichergestellte Sache darf verwertet werden, wenn*
a   sie von der berechtigten Person trotz Aufforderung und Androhung der Verwertungsfolge nicht innert angemessener Frist abgeholt wird;
b   niemand Anspruch auf die Sache erhebt;
c   die Sache schneller Wertverminderung ausgesetzt ist oder
d   ihre Verwahrung, Pflege oder Erhaltung mit unverhältnismässig hohen Kosten oder Schwierigkeiten verbunden ist.

[2] *Die Regierungsstatthalterin oder der Regierungsstatthalter verfügt die Einziehung von Sachen, welche die Sicherheit von Menschen gefährden. In der Verfügung kann angeordnet werden, dass diese Sachen unbrauchbar gemacht oder vernichtet werden.*

Art. 43

4. Herausgabe sichergestellter Sachen oder des Erlöses

[1] *Sobald die Voraussetzungen für die Sicherstellung weggefallen sind, sind die Sachen an die Person herauszugeben, bei der sie sichergestellt worden sind, wenn nicht deren Berechtigung zweifelhaft ist.*

^{2} *Im Falle von Artikel 42 Absatz 1 Buchstabe b erfolgt die Herausgabe an die berechtigte Person. Erheben mehrere Personen Anspruch auf eine herauszugebende Sache oder ist die Berechtigung sonst zweifelhaft, wird den Ansprechern eine Frist zur Erwirkung eines richterlichen Entscheids auf Herausgabe angesetzt. Nach unbenutztem Ablauf dieser Frist wird die Verwahrung aufgehoben und die Sache der Person zurückgegeben, bei welcher sie sichergestellt worden ist.*
^{3} *Sind die Sachen verwertet worden, ist der Erlös herauszugeben.*

Art. 44

5. Kosten

^{1} *Die notwendigen Aufwendungen für die Sicherstellung und Verwahrung sowie die Kosten einer Verwertung sind von den gemäss Artikel 24 verantwortlichen Personen zu erstatten.*
^{2} Die Herausgabe der Sache oder des Erlöses kann von der Zahlung der Kosten abhängig gemacht werden. Wird die Bezahlung nach erfolgloser Ansetzung einer angemessenen Frist verweigert, kann die Sache verwertet werden.

Es ist festzuhalten:

- Die Voraussetzungen für eine Sicherstellung in **Art. 40** entsprechen dem deutschen Standard (*a. um eine Gefahr für die öffentliche Sicherheit und Ordnung abzuwehren; b. um eine Person, welche das Eigentum oder den rechtmäßigen Besitz daran hat, vor Verlust oder Beschädigung der Sache zu schützen*).
- **Art. 41** (Durchführung) beinhaltet Formvorschriften.
- **Art. 42** (Verwertung und Einziehung) regelt die Verwertung (*Abholung innert angemessener Frist; keine Anspruchsgrundlage; schnelle Wertminderung; unverhältnismäßig hohe Kosten oder Schwierigkeiten*) und die Einziehung von Sachen, welche die Sicherheit von Menschen gefährden (*Unbrauchbarmachung, Vernichtung*).
- In **Art. 43** (Herausgabe sichergestellter Sachen oder des Erlöses) ist **Abs. 1** von besonderer Bedeutung, wo es heißt: „*Sobald die Voraussetzungen für die Sicherstellung weggefallen sind, sind die Sachen*

*an die Person herauszugeben, bei der sie sichergestellt worden sind, **wenn nicht deren Berechtigung zweifelhaft ist.**"*[51]

---

[51] Ähnlich §§ 52 ff. Gesetz betreffend die Kantonspolizei des Kantons Basel-Stadt (Polizeigesetz, PolG) vom 13.11.1996, unter: http://www. Gesetzessammlung .bs.ch/erlasse/ 510.100.pdf.

Sofern die Polizeigesetze (PolG) in den Kantonen der Schweiz keine Spezialitäten zur präventiven Sicherstellung pp. enthalten, ist eingehend zu prüfen, ob die Befugnis-Generalklauseln (Allgemeine Befugnisse) unter den Titeln „Allgemeine Bestimmungen"[52] und/oder „Aufgabenbereich"[53] für eine PräGe hergezogen werden können.[54] Hilfsweise/ergänzend könnten die Vorschriften des Schweizerischen Zivilgesetzbuches[55] – sofern sie dem deutschen Zivilrecht (§ 983 BGB – Unanbringbare Sachen bei Behörden, § 1006 BGB – Eigentumsvermutung für Besitzer bzw. Widerlegung der Eigentumsvermutung) entsprechen – von Relevanz sein, und hier namentlich der Zwanzigste Titel (Das Fahrniseigentum[56], speziell Art. 720 – Fund; Art. 721 – Aufbewahrung, Versteigerung) und der Vierundzwanzigste Titel (Der Besitz, speziell Art. 930 – Vermutung des Eigentums bzw. als Folge „Widerlegung der Vermutung des Eigentums").

---

[52] So z.B. I. Allgemeine Bestimmungen/Geltungsbereich (Art. 1) und III. Polizeikräfte/1. Allgemeine Bestimmungen/Aufgaben im allgemeinen (Art. 12) Polizeigesetz des Kantons St. Gallen vom 10.4.1980, unter: http://www.gallex.ch/gallex/4/451.1.html.

[53] So z.B. Art. 4 des Gesetz über die Kantonspolizei des Kantons Obwalden vom 4.6.1972, unter: http://ilz.ow.ch/gessamml/Archiv/2006-1/510100.pdf.

[54] „Ausnahmsweise kann an die Stelle einer gesetzlichen Grundlage die *polizeiliche Generalklausel* treten, sofern
- Der Eingriff in die Eigentumsgarantie unerlässlich ist
- Um eine schwere Störung der öffentlichen Sicherheit / Ordnung zu beseitigen
- Oder um unmittelbar drohende, direkte und gravierende Gefährdung abzuwenden."
So *Sandro Rossi* (by sandro rossi, www.stpo.ch), Repetitorium Verwaltungsrecht – überarbeitete und an die 4. Auflage angepasste Version, unter: http://www.concordia-bern.ch/Dokumente%20JusPortal/%D6ffentliches%20Recht/Repetitorium%20Verwaltungsrecht%20Rossi.pdf.

[55] vom 10.12.1907 (Stand am 05.12.2008).

[56] Fahrniseigentum war eine Eigentumsform, die nicht am Grundbesitz hing. Fahrhabe (lat. mobilia), obschon ursprünglich nicht als E. bezeichnet, hatte Eigentumsqualität. Dies zeigte sich u.a. beim Erbrecht des Herrn an der Fahrnis seiner Eigenleute, dem einzigen E. von Leibeigenen. Hierzu gehörte die persönl. Habe (Kleidung, Waffen, Schmuck), ferner Möbel, Haushaltsgerät, Vieh und Holzhäuser. Zur Fahrnis zählten ebenfalls Handels- und Kaufmannsgut sowie Wertpapiere. Als Fahrniseigentum galten aber auch ma. **Herrschaftsrechte, z.B. auf Fundgut**, herrenloses Vieh und entflogene Bienenschwärme, Jagd und Fischerei. (Autorin: *Anne-Marie Dubler*), unter: http://www.hls-dhs-dss.ch/textes/d/D8971-1-2.php.

Weitere Möglichkeiten bieten sich – wie auch in Deutschland[57] – unter Verständigung der Steuerverwaltung/Steuerrevision an.[58]

Polizeirechtliche Sicherstellungsverfügungen unterliegen als hoheitliche Akte auch in der Schweiz der Verwaltungsgerichtsbarkeit. Bisweilen ist die Anrufung eines Verwaltungsgerichts erst nach dem Durchlaufen eines verwaltungsinternen, nicht richterlichen Beschwerdeverfahrens möglich.[59]

---

[57] *Ehlscheid/Rondorf*, Besteuerung illegal erzielter Umsätze und Einkünfte von Straftätern, in: der kriminalist 9/05, S. 368 ff., **und** *Harder*, „Gewinnabschöpfung" einfach anders – Oder: Fundgrube Abgabenordnung und andere strafrechtliche Nebengesetze, in: Kriminalistik 10/02, S. 606 ff.

[58] Im Bereich der Bekämpfung der organisierten Kriminalität verfolgt die Polizei Basel-Landschaft seit vier Jahren eine neue Doktrin. In Strafverfahren, in denen grössere Geldbeträge feststellt werden und die Herkunft unklar ist bzw. keinem Delikt zugeordnet werden kann, hat die Polizei die Steuerrevision verständigt. So wurde in mehreren Strafverfahren und in enger Zusammenarbeit über 1,5 Mio. Nach- und Strafsteuern eingeholt (unabhängig vom Strafverfahren)., unter: http://www.baselland.ch/2004-323-htm.278366.0.html.

[59] Vgl. Verwaltungsgericht (Schweiz) – Wikipedia.

## 5.	Ergebnis

Voraussetzung für die gefahrenabwehrrechtliche bzw. polizeirechtliche Gewinnabschöpfung ist, dass Sachen (Gegenstände, Bargeldbeträge), die offensichtlich deliktische Ursprünge haben, konkreten Straftaten nicht zugeordnet werden können und neben dem Strafrecht (formell, materiell) andere Rechtsgrundlagen keine Handhabe bieten, die Rückgabe an (vorher) beschuldigte Personen zu unterbinden.

Das Gefahrenabwehrrecht in Deutschland ist „PräGe-geeignet"; das für einen Außenstehenden komplexe Rechtsgefüge in Österreich und in der Schweiz erscheint mir von den Voraussetzungen her mehr oder weniger dazu geeignet. Es bedarf deshalb einer eingehenden Prüfung vor Ort.

Bei der Gefahrenprognose im Hinblick auf ein einzuleitendes PräGe-Verfahren dürfen – nach deutschem Recht – sämtliche im Strafermittlungsverfahren gewonnenen Erkenntnisse berücksichtigt werden. Da es um Maßnahmen der Gefahrenabwehr geht, kommt es nicht darauf an, ob der Betroffene wegen der ihm zur Last gelegten Straftaten verurteilt worden ist. Auch noch nicht abgeschlossene Verfahren und eingestellte Verfahren können Berücksichtigung finden, soweit ein Restverdacht verbleibt und keine Einstellung oder ein Freispruch wegen erwiesener Unschuld erfolgt ist.

Vielleicht kann ich mit diesem Beitrag einen Anstoß dazu geben, sich über Deutschland hinaus näher mit diesem Rechtsinstitut „Präventive Gewinnabschöpfung" zu befassen.

Anhang 1

1. Materielles Strafrecht in seinen wesentlichen Teilen (Verfall, Einziehung o.Ä.)

1.1 Deutschland (StGB[60])

Siebenter Titel – Verfall und Einziehung

§ 73 Voraussetzungen des Verfalls

(1) Ist eine rechtswidrige Tat begangen worden und hat der Täter oder Teilnehmer für die Tat oder aus ihr etwas erlangt, so ordnet das Gericht dessen Verfall an. Dies gilt nicht, soweit dem Verletzten aus der Tat ein Anspruch erwachsen ist, dessen Erfüllung dem Täter oder Teilnehmer den Wert des aus der Tat Erlangten entziehen würde.

(2) Die Anordnung des Verfalls erstreckt sich auf die gezogenen Nutzungen. Sie kann sich auch auf die Gegenstände erstrecken, die der Täter oder Teilnehmer durch die Veräußerung eines erlangten Gegenstandes oder als Ersatz für dessen Zerstörung, Beschädigung oder Entziehung oder auf Grund eines erlangten Rechts erworben hat.

(3) Hat der Täter oder Teilnehmer für einen anderen gehandelt und hat dadurch dieser etwas erlangt, so richtet sich die Anordnung des Verfalls nach den Absätzen 1 und 2 gegen ihn.

(4) Der Verfall eines Gegenstandes wird auch angeordnet, wenn er einem Dritten gehört oder zusteht, der ihn für die Tat oder sonst in Kenntnis der Tatumstände gewährt hat.

§ 73a Verfall des Wertersatzes

Soweit der Verfall eines bestimmten Gegenstandes wegen der Beschaffenheit des Erlangten oder aus einem anderen Grunde nicht möglich ist oder von dem Verfall eines Ersatzgegenstandes nach § 73 Abs. 2 Satz 2 abgesehen wird, ordnet das Gericht den Verfall eines Geldbetrags an, der dem Wert des Erlangten entspricht. Eine solche Anordnung trifft das Gericht auch neben dem Verfall eines Gegenstandes, soweit dessen Wert hinter dem Wert des zunächst Erlangten zurückbleibt.

---

[60] In der Fassung der Bekanntmachung vom 13.11.1998 (BGBl. I S. 3322), zuletzt geändert durch Gesetz vom 02.10.2009 (BGBl. I S. 3214) m.W.v. 22.10.2009.

§ 73b Schätzung

Der Umfang des Erlangten und dessen Wert sowie die Höhe des Anspruchs, dessen Erfüllung dem Täter oder Teilnehmer das aus der Tat Erlangte entziehen würde, können geschätzt werden.

§ 73c Härtevorschrift

(1) Der Verfall wird nicht angeordnet, soweit er für den Betroffenen eine unbillige Härte wäre. Die Anordnung kann unterbleiben, soweit der Wert des Erlangten zur Zeit der Anordnung in dem Vermögen des Betroffenen nicht mehr vorhanden ist oder wenn das Erlangte nur einen geringen Wert hat.
(2) Für die Bewilligung von Zahlungserleichterungen gilt § 42 entsprechend.

§ 73d Erweiterter Verfall

(1) Ist eine rechtswidrige Tat nach einem Gesetz begangen worden, das auf diese Vorschrift verweist, so ordnet das Gericht den Verfall von Gegenständen des Täters oder Teilnehmers auch dann an, wenn die Umstände die Annahme rechtfertigen, daß diese Gegenstände für rechtswidrige Taten oder aus ihnen erlangt worden sind. Satz 1 ist auch anzuwenden, wenn ein Gegenstand dem Täter oder Teilnehmer nur deshalb nicht gehört oder zusteht, weil er den Gegenstand für eine rechtswidrige Tat oder aus ihr erlangt hat. § 73 Abs. 1 Satz 2, auch in Verbindung mit § 73b, und § 73 Abs. 2 gelten entsprechend.
(2) Ist der Verfall eines bestimmten Gegenstandes nach der Tat ganz oder teilweise unmöglich geworden, so finden insoweit die §§ 73a und 73b sinngemäß Anwendung.
(3) Ist nach Anordnung des Verfalls nach Absatz 1 wegen einer anderen rechtswidrigen Tat, die der Täter oder Teilnehmer vor der Anordnung begangen hat, erneut über den Verfall von Gegenständen des Täters oder Teilnehmers zu entscheiden, so berücksichtigt das Gericht hierbei die bereits ergangene Anordnung.
(4) § 73c gilt entsprechend.

§ 73e Wirkung des Verfalls

(1) Wird der Verfall eines Gegenstandes angeordnet, so geht das Eigentum an der Sache oder das verfallene Recht mit der Rechtskraft der Entscheidung auf den Staat über, wenn es dem von der Anordnung Betroffenen zu dieser Zeit zusteht. Rechte Dritter an dem Gegenstand bleiben bestehen.

(2) Vor der Rechtskraft wirkt die Anordnung als Veräußerungsverbot im Sinne des § 136 des Bürgerlichen Gesetzbuches; das Verbot umfasst auch andere Verfügungen als Veräußerungen.

§ 74 Voraussetzungen der Einziehung

(1) Ist eine vorsätzliche Straftat begangen worden, so können Gegenstände, die durch sie hervorgebracht oder zu ihrer Begehung oder Vorbereitung gebraucht worden oder bestimmt gewesen sind, eingezogen werden.

(2) Die Einziehung ist nur zulässig, wenn

1. die Gegenstände zur Zeit der Entscheidung dem Täter oder Teilnehmer gehören oder zustehen oder

2. die Gegenstände nach ihrer Art und den Umständen die Allgemeinheit gefährden oder die Gefahr besteht, daß sie der Begehung rechtswidriger Taten dienen werden.

(3) Unter den Voraussetzungen des Absatzes 2 Nr. 2 ist die Einziehung der Gegenstände auch zulässig, wenn der Täter ohne Schuld gehandelt hat.

(4) Wird die Einziehung durch eine besondere Vorschrift über Absatz 1 hinaus vorgeschrieben oder zugelassen, so gelten die Absätze 2 und 3 entsprechend.

§ 74a Erweiterte Voraussetzungen der Einziehung

Verweist das Gesetz auf diese Vorschrift, so dürfen die Gegenstände abweichend von § 74 Abs. 2 Nr. 1 auch dann eingezogen werden, wenn derjenige, dem sie zur Zeit der Entscheidung gehören oder zustehen,

1. wenigstens leichtfertig dazu beigetragen hat, daß die Sache oder das Recht Mittel oder Gegenstand der Tat oder ihrer Vorbereitung gewesen ist, oder

2. die Gegenstände in Kenntnis der Umstände, welche die Einziehung zugelassen hätten, in verwerflicher Weise erworben hat.

§ 74b Grundsatz der Verhältnismäßigkeit

(1) Ist die Einziehung nicht vorgeschrieben, so darf sie in den Fällen des § 74 Abs. 2 Nr. 1 und des § 74a nicht angeordnet werden, wenn sie zur Bedeutung der begangenen Tat und zum Vorwurf, der den von der Einziehung betroffenen Täter oder Teilnehmer oder in den Fällen des § 74a den Dritten trifft, außer Verhältnis steht.

(2) Das Gericht ordnet in den Fällen der §§ 74 und 74a an, daß die Einziehung vorbehalten bleibt, und trifft eine weniger einschneidende Maßnahme, wenn der Zweck der Einziehung auch durch sie erreicht werden kann. In Betracht kommt namentlich die Anweisung,

1. die Gegenstände unbrauchbar zu machen,

2. an den Gegenständen bestimmte Einrichtungen oder Kennzeichen zu beseitigen oder die Gegenstände sonst zu ändern oder

3. über die Gegenstände in bestimmter Weise zu verfügen.

Wird die Anweisung befolgt, so wird der Vorbehalt der Einziehung aufgehoben; andernfalls ordnet das Gericht die Einziehung nachträglich an.

(3) Ist die Einziehung nicht vorgeschrieben, so kann sie auf einen Teil der Gegenstände beschränkt werden.

§ 74c Einziehung des Wertersatzes

(1) Hat der Täter oder Teilnehmer den Gegenstand, der ihm zur Zeit der Tat gehörte oder zustand und auf dessen Einziehung hätte erkannt werden können, vor der Entscheidung über die Einziehung verwertet, namentlich veräußert oder verbraucht, oder hat er die Einziehung des Gegenstandes sonst vereitelt, so kann das Gericht die Einziehung eines Geldbetrags gegen den Täter oder Teilnehmer bis zu der Höhe anordnen, die dem Wert des Gegenstandes entspricht.

(2) Eine solche Anordnung kann das Gericht auch neben der Einziehung eines Gegenstandes oder an deren Stelle treffen, wenn ihn der Täter oder Teilnehmer vor der Entscheidung über die Einziehung mit dem Recht eines Dritten belastet hat, dessen Erlöschen ohne Entschädigung nicht angeordnet werden kann oder im Falle der Einziehung nicht angeordnet werden könnte (§ 74e Abs. 2 und § 74f); trifft das Gericht die Anordnung neben der Einziehung, so bemißt sich die Höhe des Wertersatzes nach dem Wert der Belastung des Gegenstandes.

(3) Der Wert des Gegenstandes und der Belastung kann geschätzt werden.

(4) Für die Bewilligung von Zahlungserleichterungen gilt § 42.

§ 74d Einziehung von Schriften und Unbrauchbarmachung

(1) ...
(2) ...
(3) ...
(4) ...
(5) ...

§ 74e Wirkung der Einziehung

(1) Wird ein Gegenstand eingezogen, so geht das Eigentum an der Sache oder das eingezogene Recht mit der Rechtskraft der Entscheidung auf den Staat über.

(2) Rechte Dritter an dem Gegenstand bleiben bestehen. Das Gericht ordnet jedoch das Erlöschen dieser Rechte an, wenn es die Einziehung darauf stützt, daß die Voraussetzungen des § 74 Abs. 2 Nr. 2 vorliegen. Es kann das Erlöschen des Rechts eines Dritten auch dann anordnen, wenn diesem eine Entschädigung nach § 74f Abs. 2 Nr. 1 oder 2 nicht zu gewähren ist.

(3) § 73e Abs. 2 gilt entsprechend für die Anordnung der Einziehung und die Anordnung des Vorbehalts der Einziehung, auch wenn sie noch nicht rechtskräftig ist.

§ 74f Entschädigung

(1) Stand das Eigentum an der Sache oder das eingezogene Recht zur Zeit der Rechtskraft der Entscheidung über die Einziehung oder Unbrauchbarmachung einem Dritten zu oder war der Gegenstand mit dem Recht eines Dritten belastet, das durch die Entscheidung erloschen oder beeinträchtigt ist, so wird der Dritte aus der Staatskasse unter Berücksichtigung des Verkehrswertes angemessen in Geld entschädigt.

(2) Eine Entschädigung wird nicht gewährt, wenn

1. der Dritte wenigstens leichtfertig dazu beigetragen hat, daß die Sache oder das Recht Mittel oder Gegenstand der Tat oder ihrer Vorbereitung gewesen ist,

2. der Dritte den Gegenstand oder das Recht an dem Gegenstand in Kenntnis der Umstände, welche die Einziehung oder Unbrauchbarmachung zulassen, in verwerflicher Weise erworben hat oder

3. es nach den Umständen, welche die Einziehung oder Unbrauch-

barmachung begründet haben, auf Grund von Rechtsvorschriften außerhalb des Strafrechts zulässig wäre, den Gegenstand dem Dritten ohne Entschädigung dauernd zu entziehen.

(3) In den Fällen des Absatzes 2 kann eine Entschädigung gewährt werden, soweit es eine unbillige Härte wäre, sie zu versagen.

§ 75 Sondervorschrift für Organe und Vertreter

…

§ 76 Nachträgliche Anordnung von Verfall oder Einziehung des Wertersatzes

Ist die Anordnung des Verfalls oder der Einziehung eines Gegenstandes nicht ausführbar oder unzureichend, weil nach der Anordnung eine der in §§ 73a, 73d Abs. 2 oder § 74c bezeichneten Voraussetzungen eingetreten oder bekanntgeworden ist, so kann das Gericht den Verfall oder die Einziehung des Wertersatzes nachträglich anordnen.

§ 76a Selbständige Anordnung

(1) Kann wegen der Straftat aus tatsächlichen Gründen keine bestimmte Person verfolgt oder verurteilt werden, so muß oder kann auf Verfall oder Einziehung des Gegenstandes oder des Wertersatzes oder auf Unbrauchbarmachung selbständig erkannt werden, wenn die Voraussetzungen, unter denen die Maßnahme vorgeschrieben oder zugelassen ist, im übrigen vorliegen.

(2) Unter den Voraussetzungen des § 74 Abs. 2 Nr. 2, Abs. 3 und des § 74d ist Absatz 1 auch dann anzuwenden, wenn

1. die Verfolgung der Straftat verjährt ist oder

2. sonst aus rechtlichen Gründen keine bestimmte Person verfolgt werden kann und das Gesetz nichts anderes bestimmt.

Einziehung oder Unbrauchbarmachung dürfen jedoch nicht angeordnet werden, wenn Antrag, Ermächtigung oder Strafverlangen fehlen.

(3) Absatz 1 ist auch anzuwenden, wenn das Gericht von Strafe absieht oder wenn das Verfahren nach einer Vorschrift eingestellt wird, die dies nach dem Ermessen der Staatsanwaltschaft oder des Gerichts oder im Einvernehmen beider zulässt.

1.2 Österreich (StGB[61])

Dritter Abschnitt
Strafen, Abschöpfung der Bereicherung, Verfall und Vorbeugende Maßnahmen

Abschöpfung der Bereicherung

§ 20.

(1) Wer

1. eine mit Strafe bedrohte Handlung begangen und dadurch Vermögensvorteile erlangt hat oder

2. Vermögensvorteile für die Begehung einer mit Strafe bedrohten Handlung empfangen hat,

ist zur Zahlung eines Geldbetrages in Höhe der dabei eingetretenen unrechtmäßigen Bereicherung zu verurteilen. Soweit das Ausmaß der Bereicherung nicht oder nur mit unverhältnismäßigem Aufwand ermittelt werden kann, hat das Gericht den abzuschöpfenden Betrag nach seiner Überzeugung festzusetzen.

(2) Wenn

1. der Täter fortgesetzt oder wiederkehrend Verbrechen (§ 17) begangen und Vermögensvorteile durch deren Begehung erlangt oder für diese empfangen hat und

2. ihm im zeitlichen Zusammenhang mit den begangenen Verbrechen weitere Vermögensvorteile zugeflossen sind, bei denen die Annahme naheliegt, daß sie aus weiteren Verbrechen dieser Art stammen, und deren rechtmäßige Herkunft nicht glaubhaft gemacht werden kann, sind auch diese Vermögensvorteile bei der Festsetzung des abzuschöpfenden Betrages zu berücksichtigen.

(3) Zur Zahlung eines Geldbetrages, den das Gericht in Höhe der eingetretenen Bereicherung nach seiner Überzeugung festsetzt, ist der Täter zu verurteilen, dem im zeitlichen Zusammenhang mit seiner Mitgliedschaft in einer kriminellen Organisation (§ 278a) oder einer terroristischen Vereinigung (§ 278b) Vermögensvorteile zugeflossen sind, bei denen die Annahme naheliegt, daß sie aus strafbaren Handlungen stammen, und deren rechtmäßige Herkunft nicht glaubhaft gemacht werden kann.

---

[61] Stand 1. Mai 2004, i.d.F. BGBl I 15/2004.

(4) Wer durch die mit Strafe bedrohte Handlung eines anderen oder durch einen für deren Begehung zugewendeten Vermögensvorteil unmittelbar und unrechtmäßig bereichert worden ist, ist zur Zahlung eines Geldbetrages in Höhe dieser Bereicherung zu verurteilen. Ist eine juristische Person oder eine Personengesellschaft bereichert worden, so ist sie zu dieser Zahlung zu verurteilen.

(5) Ist ein unmittelbar Bereicherter verstorben oder besteht eine unmittelbar bereicherte juristische Person oder Personengesellschaft nicht mehr, so ist die Bereicherung beim Rechtsnachfolger abzuschöpfen, soweit sie beim Rechtsübergang noch vorhanden war.

(6) Mehrere Bereicherte sind nach ihrem Anteil an der Bereicherung zu verurteilen. Läßt sich dieser Anteil nicht feststellen, so hat ihn das Gericht nach seiner Überzeugung festzusetzen.

Unterbleiben der Abschöpfung

§ 20a.

(1) Die Abschöpfung ist ausgeschlossen, soweit der Bereicherte zivilrechtliche Ansprüche aus der Tat befriedigt oder sich dazu in vollstreckbarer Form vertraglich verpflichtet hat, er dazu verurteilt worden ist oder zugleich verurteilt wird oder die Bereicherung durch andere rechtliche Maßnahmen beseitigt wird.

(2) Von der Abschöpfung ist abzusehen,

1. (Anm.: aufgehoben durch BGBl. I Nr. 136/2004),

2. soweit der abzuschöpfende Betrag oder die Aussicht auf dessen Einbringung außer Verhältnis zum Verfahrensaufwand steht, den die Abschöpfung oder die Einbringung erfordern würde, oder

3. soweit die Zahlung des Geldbetrages das Fortkommen des Bereicherten unverhältnismäßig erschweren oder ihn unbillig hart treffen würde, insbesondere weil die Bereicherung im Zeitpunkt der Anordnung nicht mehr vorhanden ist; aus einer Verurteilung erwachsende andere nachteilige Folgen sind zu berücksichtigen.

Verfall

§ 20b.

(1) Vermögenswerte, die der Verfügungsmacht einer kriminellen Organisation (§ 278a) oder einer terroristischen Vereinigung (§ 278b) un-

terliegen oder als Mittel der Terrorismusfinanzierung (§ 278d) bereit-gestellt oder gesammelt wurden, sind für verfallen zu erklären.
(2) Vermögenswerte, die aus einer mit Strafe bedrohten Handlung stammen, sind für verfallen zu erklären, wenn die Tat, aus der sie her-rühren, auch durch die Gesetze des Tatorts mit Strafe bedroht ist, aber nach den §§ 62 bis 65 nicht den österreichischen Strafgesetzen unter-liegt.

Unterbleiben des Verfalls

§ 20c.

(1) Der Verfall ist ausgeschlossen, soweit
1. an den betroffenen Vermögenswerten Rechtsansprüche von Perso-nen bestehen, die an der strafbaren Handlung oder an der kriminellen Organisation oder terroristischen Vereinigung nicht beteiligt sind, oder
2. sein Zweck durch andere rechtliche Maßnahmen erreicht wird, ins-besondere soweit die unrechtmäßige Bereicherung durch ein auslän-disches Verfahren abgeschöpft wird und die ausländische Entscheidung in Österreich vollstreckt werden kann.
(2) Vom Verfall ist abzusehen, wenn er außer Verhältnis zur Bedeu-tung der Sache oder zum Verfahrensaufwand stünde.

1.3 Schweiz (StGB[62])

Art. 69

5. Einziehung

a. Sicherungseinziehung

[1] Das Gericht verfügt ohne Rücksicht auf die Strafbarkeit einer bestimmten Person die Einziehung von Gegenständen, die zur Begehung einer Straftat gedient haben oder bestimmt waren oder die durch eine Straftat hervorgebracht worden sind, wenn diese Gegenstände die Sicherheit von Menschen, die Sittlichkeit oder die öffentliche Ordnung gefährden.

[2] Das Gericht kann anordnen, dass die eingezogenen Gegenstände unbrauchbar gemacht oder vernichtet werden.

Art. 70

b. Einziehung von Vermögenswerten.

Grundsätze

[1] Das Gericht verfügt die Einziehung von Vermögenswerten, die durch eine Straftat erlangt worden sind oder dazu bestimmt waren, eine Straftat zu veranlassen oder zu belohnen, sofern sie nicht dem Verletzten zur Wiederherstellung des rechtmässigen Zustandes ausgehändigt werden.

[2] Die Einziehung ist ausgeschlossen, wenn ein Dritter die Vermögenswerte in Unkenntnis der Einziehungsgründe erworben hat und soweit er für sie eine gleichwertige Gegenleistung erbracht hat oder die Einziehung ihm gegenüber sonst eine unverhältnismässige Härte darstellen würde.

[3] Das Recht zur Einziehung verjährt nach sieben Jahren; ist jedoch die Verfolgung der Straftat einer längeren Verjährungsfrist unterworfen, so findet diese Frist auch auf die Einziehung Anwendung.

[4] Die Einziehung ist amtlich bekannt zu machen. Die Ansprüche Verletzter oder Dritter erlöschen fünf Jahre nach der amtlichen Bekanntmachung.

---

[62] Stand: 01.04.2009.

[5] Lässt sich der Umfang der einzuziehenden Vermögenswerte nicht oder nur mit unverhältnismässigem Aufwand ermitteln, so kann das Gericht ihn schätzen.

Art. 71

Ersatzforderungen

[1] Sind die der Einziehung unterliegenden Vermögenswerte nicht mehr vorhanden, so erkennt das Gericht auf eine Ersatzforderung des Staates in gleicher Höhe, gegenüber einem Dritten jedoch nur, soweit dies nicht nach Artikel 70 Absatz 2 ausgeschlossen ist.

[2] Das Gericht kann von einer Ersatzforderung ganz oder teilweise absehen, wenn diese voraussichtlich uneinbringlich wäre oder die Wiedereingliederung des Betroffenen ernstlich behindern würde.

[3] Die Untersuchungsbehörde kann im Hinblick auf die Durchsetzung der Ersatzforderung Vermögenswerte des Betroffenen mit Beschlag belegen. Die Beschlagnahme begründet bei der Zwangsvollstreckung der Ersatzforderung kein Vorzugsrecht zu Gunsten des Staates.

Art. 72

Einziehung von Vermögenswerten einer kriminellen Organisation

Das Gericht verfügt die Einziehung aller Vermögenswerte, welche der Verfügungsmacht einer kriminellen Organisation unterliegen. Bei Vermögenswerten einer Person, die sich an einer kriminellen Organisation beteiligt oder sie unterstützt hat (Art. 260ter), wird die Verfügungsmacht der Organisation bis zum Beweis des Gegenteils vermutet.

Art. 73

Verwendung zu Gunsten des Geschädigten

[1] Erleidet jemand durch ein Verbrechen oder ein Vergehen einen Schaden, der nicht durch eine Versicherung gedeckt ist, und ist anzunehmen, dass der Täter den Schaden nicht ersetzen oder eine Genugtuung nicht leisten wird, so spricht das Gericht dem Geschädigten auf dessen Verlangen bis zur Höhe des Schadenersatzes beziehungsweise der Genugtuung, die gerichtlich oder durch Vergleich festgesetzt worden sind, zu:

a. die vom Verurteilten bezahlte Geldstrafe oder Busse;
b. eingezogene Gegenstände und Vermögenswerte oder deren Verwertungserlös unter Abzug der Verwertungskosten;
c. Ersatzforderungen;
d. den Betrag der Friedensbürgschaft.

[2] Das Gericht kann die Verwendung zu Gunsten des Geschädigten jedoch nur anordnen, wenn der Geschädigte den entsprechenden Teil seiner Forderung an den Staat abtritt.

[3] Die Kantone sehen für den Fall, dass die Zusprechung nicht schon im Strafurteil möglich ist, ein einfaches und rasches Verfahren vor.

2. Formelles Strafrecht in seinen wesentlichen Teilen (Sicherstellungs- bzw. Beschlagnahmevoraussetzungen)

2.1 Deutschland (StPO[63])

§ 94 Gegenstand der Beschlagnahme[64]

(1) Gegenstände, die als Beweismittel für die Untersuchung von Bedeutung sein können, sind in Verwahrung zu nehmen oder in anderer Weise sicherzustellen.

(2) Befinden sich die Gegenstände in dem Gewahrsam einer Person und werden sie nicht freiwillig herausgegeben, so bedarf es der Beschlagnahme.

(3) Die Absätze 1 und 2 gelten auch für Führerscheine, die der Einziehung unterliegen.

§ 111b Sicherstellung von Gegenständen

(1) Gegenstände können durch Beschlagnahme nach § 111c sichergestellt werden, wenn Gründe für die Annahme vorhanden sind, daß die Voraussetzungen für ihren Verfall oder ihre Einziehung vorliegen. § 94 Abs. 3 bleibt unberührt.

(2) Sind Gründe für die Annahme vorhanden, daß die Voraussetzungen des Verfalls von Wertersatz oder der Einziehung von Wertersatz vorliegen, kann zu deren Sicherung nach § 111d der dingliche Arrest angeordnet werden.

(3) Liegen dringende Gründe nicht vor, so hebt das Gericht die Anordnung der in Absatz 1 Satz 1 und Absatz 2 genannten Maßnahmen spätestens nach sechs Monaten auf. Begründen bestimmte Tatsachen den Tatverdacht und reicht die in Satz 1 bezeichnete Frist wegen der besonderen Schwierigkeit oder des besonderen Umfangs der Ermittlungen oder wegen eines anderen wichtigen Grundes nicht aus, so kann das Gericht auf Antrag der Staatsanwaltschaft die Maßnahme verlängern, wenn die genannten Gründe ihre Fortdauer rechtfertigen. Ohne Vorliegen dringender Gründe darf die Maßnahme über zwölf Monate hinaus nicht aufrechterhalten werden.

---

[63] Strafprozessordnung i.d.F.d.B. vom 7. April 1987 (BGBl. I S. 1074, 1319), das durch Art. 3 des Gesetzes vom 30. Juli 2009 (BGBl. I S. 2437) geändert worden ist.

[64] Überschriften zu den Paragrafen aus der deutschen Strafprozessordnung (StPO) sind hier und nachfolgend entnommen aus: StPO – Strafprozessordnung ..., 46. Auflage 2009, Beck-Texte im dtv.

(4) Die §§ 102 bis 110 gelten entsprechend.

(5) Die Absätze 1 bis 4 gelten entsprechend, soweit der Verfall nur deshalb nicht angeordnet werden kann, weil die Voraussetzungen des § 73 Abs. 1 Satz 2 des Strafgesetzbuches vorliegen.

§ 111c Sicherstellung durch Beschlagnahme

(1) Die Beschlagnahme einer beweglichen Sache wird in den Fällen des § 111b dadurch bewirkt, daß die Sache in Gewahrsam genommen oder die Beschlagnahme durch Siegel oder in anderer Weise kenntlich gemacht wird.

(2) ...

(3) ...

(4) ...

(5) Die Beschlagnahme eines Gegenstandes nach den Absätzen 1 bis 4 hat die Wirkung eines Veräußerungsverbotes im Sinne des § 136 des Bürgerlichen Gesetzbuches; das Verbot mfasst auch andere Verfügungen als Veräußerungen.

(6) Eine beschlagnahmte bewegliche Sache kann dem Betroffenen

1. gegen sofortige Erlegung des Wertes zurückgegeben oder

2. unter dem Vorbehalt jederzeitigen Widerrufs zur vorläufigen weiteren Benutzung bis zum Abschluß des Verfahrens überlassen

werden. Der nach Satz 1 Nr. 1 erlegte Betrag tritt an die Stelle der Sache. Die Maßnahme nach Satz 1 Nr. 2 kann davon abhängig gemacht werden, daß der Betroffene Sicherheit leistet oder bestimmte Auflagen erfüllt.

§ 111d Sicherstellung durch dinglichen Arrest

...

§ 111e Anordnung der Beschlagnahme oder des Arrestes

(1) Zu der Anordnung der Beschlagnahme (§ 111c) und des Arrestes (§ 111d) ist nur das Gericht, bei Gefahr im Verzuge auch die Staatsanwaltschaft befugt. Zur Anordnung der Beschlagnahme einer beweglichen Sache (§ 111c Abs. 1) sind bei Gefahr im Verzuge auch die Ermittlungspersonen der Staatsanwaltschaft (§ 152 des Gerichtsverfassungsgesetzes) befugt.

(2) Hat die Staatsanwaltschaft die Beschlagnahme oder den Arrest angeordnet, so beantragt sie innerhalb einer Woche die gerichtliche Bestätigung der Anordnung. Dies gilt nicht, wenn die Beschlagnahme ei-

ner beweglichen Sache angeordnet ist. Der Betroffene kann in allen Fällen jederzeit die Entscheidung des Gerichts beantragen.

(3) Der Vollzug der Beschlagnahme und des Arrestes ist dem durch die Tat Verletzten, soweit er bekannt ist oder im Verlauf des Verfahrens bekannt wird, unverzüglich durch die Staatsanwaltschaft mitzuteilen.

(4) Die Mitteilung kann durch einmalige Bekanntmachung im elektronischen Bundesanzeiger erfolgen, wenn eine Mitteilung gegenüber jedem einzelnen Verletzten mit unverhältnismäßigem Aufwand verbunden wäre oder wenn zu vermuten ist, dass noch unbekannten Verletzten aus der Tat Ansprüche erwachsen sind. Zusätzlich kann die Mitteilung auch in anderer geeigneter Weise veröffentlicht werden. Personendaten dürfen nur veröffentlicht werden, soweit ihre Angabe unerlässlich ist, um den Verletzten zur Durchsetzung ihrer Ansprüche den Zugriff auf die gesicherten Vermögenswerte zu ermöglichen. Nach Beendigung der Sicherungsmaßnahmen veranlasst die Staatsanwaltschaft die Löschung der im elektronischen Bundesanzeiger vorgenommenen Veröffentlichung.

§ 111f Zuständigkeit für Durchführung der Beschlagnahme und Vollziehung des Arrestes

(1) Die Durchführung der Beschlagnahme (§ 111c) obliegt der Staatsanwaltschaft, bei beweglichen Sachen (§ 111c Abs. 1) auch deren Ermittlungspersonen. § 98 Abs. 4 gilt entsprechend.

(2) Die erforderlichen Eintragungen in das Grundbuch sowie in die in § 111c Abs. 4 genannten Register werden auf Ersuchen der Staatsanwaltschaft oder des Gerichts bewirkt, welches die Beschlagnahme angeordnet hat. Entsprechendes gilt für die in § 111c Abs. 4 erwähnten Anmeldungen.

(3) Soweit ein Arrest nach den Vorschriften über die Pfändung in bewegliche Sachen zu vollziehen ist, kann dies durch die in § 2 der Justizbeitreibungsordnung bezeichnete Behörde, den Gerichtsvollzieher, die Staatsanwaltschaft oder durch deren Ermittlungspersonen (§ 152 des Gerichtsverfassungsgesetzes) bewirkt werden. Absatz 2 gilt entsprechend. Für die Anordnung der Pfändung eines eingetragenen Schiffes oder Schiffsbauwerkes sowie für die Pfändung einer Forderung aufgrund des Arrestes gemäß § 111d ist die Staatsanwaltschaft oder auf deren Antrag das Gericht, das den Arrest angeordnet hat, zuständig.

(4) Für die Zustellung gilt § 37 Abs. 1 mit der Maßgabe, dass auch die Ermittlungspersonen der Staatsanwaltschaft (§ 152 des Gerichtsverfassungsgesetzes) mit der Ausführung beauftragt werden können.

(5) Gegen Maßnahmen, die in Vollziehung der Beschlagnahme oder des Arrestes getroffen werden, kann der Betroffene jederzeit die Entscheidung des Gerichts beantragen.

§ 111g Vorrangige Befriedigung von Ansprüchen des Verletzten bei Beschlagnahme

(1) Die Beschlagnahme eines Gegenstandes nach § 111c und die Vollziehung des Arrestes nach § 111d wirken nicht gegen eine Verfügung des Verletzten, die auf Grund eines aus der Straftat erwachsenen Anspruches im Wege der Zwangsvollstreckung oder der Arrestvollziehung erfolgt.

(2) Die Zwangsvollstreckung oder Arrestvollziehung nach Absatz 1 bedarf der Zulassung durch das Gericht, das für die Anordnung der Beschlagnahme (§ 111c) oder des Arrestes (§ 111d) zuständig ist. Die Entscheidung ergeht durch Beschluß, der von der Staatsanwaltschaft, dem Beschuldigten und dem Verletzten mit sofortiger Beschwerde angefochten werden kann. Die Zulassung ist zu versagen, wenn der Verletzte nicht glaubhaft macht, daß der Anspruch aus der Straftat erwachsen ist. § 294 der Zivilprozeßordnung ist anzuwenden.

(3) Das Veräußerungsverbot nach § 111c Abs. 5 gilt vom Zeitpunkt der Beschlagnahme an auch zugunsten von Verletzten, die während der Dauer der Beschlagnahme in den beschlagnahmten Gegenstand die Zwangsvollstreckung betreiben oder den Arrest vollziehen. Die Eintragung des Veräußerungsverbotes im Grundbuch zugunsten des Staates gilt für die Anwendung des § 892 Abs. 1 Satz 2 des Bürgerlichen Gesetzbuches auch als Eintragung zugunsten solcher Verletzter, die während der Dauer der Beschlagnahme als Begünstigte aus dem Veräußerungsverbot in das Grundbuch eingetragen werden. Der Nachweis, daß der Anspruch aus der Straftat erwachsen ist, kann gegenüber dem Grundbuchamt durch Vorlage des Zulassungsbeschlusses geführt werden. Die Sätze 2 und 3 gelten sinngemäß für das Veräußerungsverbot bei den in § 111c Abs. 4 genannten Schiffen, Schiffsbauwerken und Luftfahrzeugen. Die Wirksamkeit des Veräußerungsverbotes zugunsten des Verletzten wird durch die Aufhebung der Beschlagnahme nicht berührt. Die Sätze 1 und 5 gelten entsprechend für die Wirkung des Pfandrechts, das durch die Vollziehung eines Arrestes (§ 111d) in das bewegliche Vermögen entstanden ist.

(4) Unterliegt der Gegenstand, der beschlagnahmt oder aufgrund des Arrestes gepfändet worden ist, aus anderen als den in § 73 Abs. 1 Satz 2 des Strafgesetzbuches bezeichneten Gründen nicht dem Verfall oder

ist die Zulassung zu Unrecht erfolgt, so ist der Verletzte Dritten zum Ersatz des Schadens verpflichtet, der ihnen dadurch entsteht, daß das Veräußerungsverbot nach Absatz 3 zu seinen Gunsten gilt.

(5) Die Absätze 1 bis 4 gelten entsprechend, wenn der Verfall eines Gegenstandes angeordnet, die Anordnung aber noch nicht rechtskräftig ist. Sie gelten nicht, wenn der Gegenstand der Einziehung unterliegt

§ 111h Vorrangige Befriedigung von Ansprüchen des Verletzten bei Arrest

(1) Betreibt der Verletzte wegen eines aus der Straftat erwachsenen Anspruches die Zwangsvollstreckung oder vollzieht er einen Arrest in ein Grundstück, in welches ein Arrest nach § 111d vollzogen ist, so kann er verlangen, daß die durch den Vollzug dieses Arrestes begründete Sicherungshypothek hinter seinem Recht im Rang zurücktritt. Der dem vortretenden Recht eingeräumte Rang geht nicht dadurch verloren, daß der Arrest aufgehoben wird. Die Zustimmung des Eigentümers zur Rangänderung ist nicht erforderlich. Im übrigen ist § 880 des Bürgerlichen Gesetzbuches sinngemäß anzuwenden.

(2) Die Rangänderung bedarf der Zulassung durch den Richter, der für den Arrest (§ 111d) zuständig ist. § 111g Abs. 2 Satz 2 bis 4 und Abs. 3 Satz 3 ist entsprechend anzuwenden.

(3) Ist die Zulassung zu Unrecht erfolgt, so ist der Verletzte Dritten zum Ersatz des Schadens verpflichtet, der ihnen durch die Rangänderung entsteht.

(4) …

§ 111i Aufrechterhaltung der Beschlagnahme für befristeten Zeitraum

(1) Das Gericht kann anordnen, dass die Beschlagnahme nach § 111c oder der Arrest nach § 111d für die Dauer von höchstens drei Monaten aufrechterhalten wird, soweit das Verfahren nach den §§ 430 und 442 Abs. 1 auf die anderen Rechtsfolgen beschränkt worden ist und die sofortige Aufhebung gegenüber dem Verletzten unbillig wäre.

(2) Hat das Gericht lediglich deshalb nicht auf Verfall erkannt, weil Ansprüche eines Verletzten im Sinne des § 73 Abs. 1 Satz 2 des Strafgesetzbuchs entgegenstehen, kann es dies im Urteil feststellen. In diesem Fall hat es das Erlangte zu bezeichnen. Liegen insoweit die Voraussetzungen des § 73a des Strafgesetzbuchs vor, stellt es im Urteil den Geldbetrag fest, der dem Wert des Erlangten entspricht. Soweit

1. der Verletzte bereits im Wege der Zwangsvollstreckung oder der Arrestvollziehung verfügt hat,

2. der Verletzte nachweislich aus Vermögen befriedigt wurde, das nicht beschlagnahmt oder im Wege der Arrestvollziehung gepfändet worden ist, oder

3. dem Verletzten die erlangte Sache nach § 111k herausgegeben worden ist,

ist dies im Rahmen der nach den Sätzen 2 und 3 zu treffenden Feststellungen in Abzug zu bringen.

(3) Soweit das Gericht nach Absatz 2 verfährt, hält es die Beschlagnahme (§ 111c) des im Sinne des Absatzes 2 Satz 2 und 4 Erlangten sowie den dinglichen Arrest (§ 111d) bis zur Höhe des nach Absatz 2 Satz 3 und 4 festgestellten Betrages durch Beschluss für drei Jahre aufrecht. Die Frist beginnt mit Rechtskraft des Urteils. Sichergestellte Vermögenswerte soll es bezeichnen. § 917 der Zivilprozessordnung ist nicht anzuwenden. Soweit der Verletzte innerhalb der Frist nachweislich aus Vermögen befriedigt wird, das nicht beschlagnahmt oder im Wege der Arrestvollziehung gepfändet worden ist, hebt das Gericht die Beschlagnahme (§ 111c) oder den dinglichen Arrest (§ 111d) auf Antrag des Betroffenen auf.

(4) Die Anordnung nach Absatz 3 sowie der Eintritt der Rechtskraft sind dem durch die Tat Verletzten unverzüglich durch das Gericht mitzuteilen. Die Mitteilung ist zu verbinden mit dem Hinweis auf die in Absatz 5 genannten Folgen und auf die Möglichkeit, Ansprüche im Wege der Zwangsvollstreckung oder Arrestvollziehung durchzusetzen. § 111e Abs. 4 Satz 1 bis 3 gilt entsprechend.

(5) Mit Ablauf der in Absatz 3 genannten Frist erwirbt der Staat die nach Absatz 2 bezeichneten Vermögenswerte entsprechend § 73e Abs. 1 des Strafgesetzbuchs sowie einen Zahlungsanspruch in Höhe des nach Absatz 2 festgestellten Betrages, soweit nicht

1. der Verletzte zwischenzeitlich wegen seiner Ansprüche im Wege der Zwangsvollstreckung oder der Arrestvollziehung verfügt hat,

2. der Verletzte nachweislich aus Vermögen befriedigt worden ist, das nicht beschlagnahmt oder im Wege der Arrestvollziehung gepfändet worden war,

3. zwischenzeitlich Sachen nach § 111k an den Verletzten herausgegeben oder hinterlegt worden sind oder

4. Sachen nach § 111k an den Verletzten herauszugeben gewesen wären und dieser die Herausgabe vor Ablauf der in Absatz 3 genannten Frist beantragt hat.

Zugleich kann der Staat das durch die Vollziehung des dinglichen Arrestes begründete Pfandrecht nach den Vorschriften des Achten Buches der Zivilprozessordnung verwerten. Der Erlös sowie hinterlegtes Geld fallen dem Staat zu. Mit der Verwertung erlischt der nach Satz 1 entstandene Zahlungsanspruch auch insoweit, als der Verwertungserlös hinter der Höhe des Anspruchs zurückbleibt.

(6) Das Gericht des ersten Rechtszugs stellt den Eintritt und den Umfang des staatlichen Rechtserwerbs nach Absatz 5 Satz 1 durch Beschluss fest. § 111l Abs. 4 gilt entsprechend. Der Beschluss kann mit der sofortigen Beschwerde angefochten werden. Nach Rechtskraft des Beschlusses veranlasst das Gericht die Löschung der im elektronischen Bundesanzeiger nach Absatz 4 vorgenommenen Veröffentlichungen.

(7) Soweit der Verurteilte oder der von der Beschlagnahme oder dem dinglichen Arrest Betroffene die hierdurch gesicherten Ansprüche des Verletzten nach Ablauf der in Absatz 3 genannten Frist befriedigt, kann er bis zur Höhe des dem Staat zugeflossenen Verwertungserlöses Ausgleich verlangen. Der Ausgleich ist ausgeschlossen,

1. soweit der Zahlungsanspruch des Staates nach Absatz 5 Satz 1 unter Anrechnung des vom Staat vereinnahmten Erlöses entgegensteht oder

2. wenn seit dem Ablauf der in Absatz 3 genannten Frist drei Jahre verstrichen sind.

(8) In den Fällen des § 76a Abs. 1 oder 3 des Strafgesetzbuchs sind die Absätze 2 bis 7 auf das Verfahren nach den §§ 440 und 441 in Verbindung mit § 442 Abs. 1 entsprechend anzuwenden.

§ 111k Rückgabe beweglicher Sachen an den Verletzten

Wird eine bewegliche Sache, die nach § 94 beschlagnahmt oder sonst sichergestellt oder nach § 111c Abs. 1 beschlagnahmt worden ist, für Zwecke des Strafverfahrens nicht mehr benötigt, so soll sie dem Verletzten, dem sie durch die Straftat entzogen worden ist, herausgegeben werden, wenn er bekannt ist und Ansprüche Dritter nicht entgegenstehen. § 111f Abs. 5 ist anzuwenden. Die Staatsanwaltschaft kann die Entscheidung des Gerichts herbeiführen, wenn das Recht des Verletzten nicht offenkundig ist.

§ 111l Notveräußerung beschlagnahmter oder gepfändeter Gegenstände

...

§ 111m Beschlagnahme eines Druckwerks oder einer sonstigen Schrift

...

§ 111n Anordnung und Aufhebung der Beschlagnahme eines Druckwerks

...

2.2 Österreich (StPO[65])

§ 109. Definitionen

Im Sinne dieses Gesetzes ist
1.
„Sicherstellung"
a.
die vorläufige Begründung der Verfügungsmacht über Gegenstände und
b.
das vorläufige Verbot der Herausgabe von Gegenständen oder anderen Vermögenswerten an Dritte (Drittverbot) und das vorläufige Verbot der Veräußerung oder Verpfändung solcher Gegenstände und Werte,

2.
„Beschlagnahme"
a.
eine gerichtliche Entscheidung auf Begründung oder Fortsetzung einer Sicherstellung nach Z 1 und
b.
das gerichtliche Verbot der Veräußerung, Belastung oder Verpfändung von Liegenschaften oder Rechten, die in einem öffentlichen Buch eingetragen sind,

3.
„Auskunft über Bankkonten und Bankgeschäfte"
a.
die Bekanntgabe des Namens und sonstiger Daten über die Identität des Inhabers einer Geschäftsverbindung sowie dessen Anschrift und die Auskunft, ob ein Beschuldigter eine Geschäftsverbindung mit diesem Institut unterhält, aus einer solchen wirtschaftlich berechtigt ist oder für sie bevollmächtigt ist, sowie die Herausgabe aller Unterlagen über die Identität des Inhabers der Geschäftsverbindung und über seine Verfügungsberechtigung,
b.
die Einsicht in Urkunden und andere Unterlagen eines Kredit- oder Finanzinstituts über Art und Umfang einer Geschäftsverbindung und da-

---

[65] Berücksichtigter Stand der Gesetzgebung: 31. Juli 2009.

mit im Zusammenhang stehende Geschäftsvorgänge und sonstige Geschäftsvorfälle für einen bestimmten vergangenen oder zukünftigen Zeitraum.

§ 110. Sicherstellung

1) Sicherstellung ist zulässig, wenn sie
1.
aus Beweisgründen,
2.
zur Sicherung privatrechtlicher Ansprüche (§ 367) oder
3.
zur Sicherung der Abschöpfung der Bereicherung (§ 20 StGB), des Verfalls (§ 20b StGB), der Einziehung (§ 26 StGB) oder einer anderen gesetzlich vorgesehenen vermögensrechtlichen Anordnung erforderlich scheint.

(2) Sicherstellung ist von der Staatsanwaltschaft anzuordnen und von der Kriminalpolizei durchzuführen.

(3) Die Kriminalpolizei ist berechtigt, Gegenstände (§ 109 Z 1 lit. A) von sich aus sicherzustellen,
1. wenn sie
a.
in niemandes Verfügungsmacht stehen,
b.
dem Opfer durch die Straftat entzogen wurden,
c.
am Tatort aufgefunden wurden und zur Begehung der strafbaren Handlung verwendet oder dazu bestimmt worden sein könnten, oder
d.
geringwertig oder vorübergehend leicht ersetzbar sind,
2.
wenn ihr Besitz allgemein verboten ist (§ 445a Abs. 1),
3.
mit denen eine Person, die aus dem Grunde des § 170 Abs. 1 Z 1 festgenommen wird, betreten wurde oder die im Rahmen ihrer Durchsuchung gemäß § 120 Abs. 1 aufgefunden werden, oder
4.
in den Fällen des Artikels 4 der Verordnung (EG) Nr. 1383/2003 des Rates vom 22. Juli 2003 über das Vorgehen der Zollbehörden gegen Waren, die im Verdacht stehen, bestimmte Rechte geistigen Eigentums zu verletzen, und die Maßnahmen gegenüber Waren, die erkannterma-

ßen derartige Rechte verletzen (Amtsblatt Nr. L 196 vom 02/08/2003 S. 0007 – 0014).

(4) Die Sicherstellung von Gegenständen aus Beweisgründen (Abs. 1 Z 1) ist nicht zulässig und jedenfalls auf Verlangen der betroffenen Person aufzuheben, soweit und sobald der Beweiszweck durch Bild-, Ton- oder sonstige Aufnahmen oder durch Kopien schriftlicher Aufzeichnungen oder automationsunterstützt verarbeiteter Daten erfüllt werden kann und nicht anzunehmen ist, dass die sichergestellten Gegenstände selbst oder die Originale der sichergestellten Informationen in der Hauptverhandlung in Augenschein zu nehmen sein werden.

§ 111

(1) Jede Person, die Gegenstände oder Vermögenswerte, die sichergestellt werden sollen, in ihrer Verfügungsmacht hat, ist verpflichtet (§ 93 Abs. 2), diese auf Verlangen der Kriminalpolizei herauszugeben oder die Sicherstellung auf andere Weise zu ermöglichen. Diese Pflicht kann erforderlichenfalls auch mittels Durchsuchung von Personen oder Wohnungen erzwungen werden; dabei sind die §§ 119 bis 122 sinngemäß anzuwenden.

(2) Sollen auf Datenträgern gespeicherte Informationen sichergestellt werden, so hat jedermann Zugang zu diesen Informationen zu gewähren und auf Verlangen einen elektronischen Datenträger in einem allgemein gebräuchlichen Dateiformat auszufolgen oder herstellen zu lassen. Überdies hat er die Herstellung einer Sicherungskopie der auf den Datenträgern gespeicherten Informationen zu dulden.

(3) Personen, die nicht selbst der Tat beschuldigt sind, sind auf ihren Antrag die angemessenen und ortsüblichen Kosten zu ersetzen, die ihr durch die Trennung von Urkunden oder sonstigen beweiserheblichen Gegenständen von anderen oder durch die Ausfolgung von Kopien notwendigerweise entstanden sind.

(4) In jedem Fall ist der von der Sicherstellung betroffenen Person sogleich oder längstens binnen 24 Stunden eine Bestätigung über die Sicherstellung auszufolgen oder zuzustellen und sie über das Recht, Einspruch zu erheben (§ 106) und eine gerichtliche Entscheidung über die Aufhebung oder Fortsetzung der Sicherstellung zu beantragen (§ 115), zu informieren. Von einer Sicherstellung zur Sicherung einer Entscheidung über privatrechtliche Ansprüche (§ 110 Abs. 1 Z 2) ist, soweit möglich, auch das Opfer zu verständigen

§ 112

Widerspricht die von der Sicherstellung betroffene oder bei ihr anwesende Person der Sicherstellung von schriftlichen Aufzeichnungen oder Datenträgern unter Berufung auf eine gesetzlich anerkannte Pflicht zur Verschwiegenheit, so sind diese Aufzeichnungen und Datenträger auf geeignete Art und Weise gegen unbefugte Einsichtnahme oder Veränderung zu sichern und dem Gericht vorzulegen; zuvor dürfen sie nicht eingesehen werden. Das Gericht hat die Aufzeichnungen und Datenträger zu sichten und zu entscheiden, ob und in welchem Umfang sie zu beschlagnahmen (§ 115) oder dem Betroffenen zurückzustellen sind. Eine dagegen erhobene Beschwerde hat aufschiebende Wirkung.

§ 113

(1) Die Sicherstellung endet,
wenn die Kriminalpolizei sie aufhebt (Abs. 2),
wenn die Staatsanwaltschaft die Aufhebung anordnet (Abs. 3),
wenn das Gericht die Beschlagnahme anordnet.

(2) Die Kriminalpolizei hat der Staatsanwaltschaft über jede Sicherstellung unverzüglich, längstens jedoch binnen 14 Tagen zu berichten (§ 100 Abs. 2 Z 2), soweit sie eine Sicherstellung nach § 110 Abs. 3 nicht zuvor wegen Fehlens oder Wegfalls der Voraussetzungen aufhebt. Dieser Bericht kann jedoch mit dem nächstfolgenden verbunden werden, wenn dadurch keine wesentlichen Interessen des Verfahrens oder von Personen beeinträchtigt werden und die sichergestellten Gegenstände geringwertig sind, sich in niemandes Verfügungsmacht befinden oder ihr Besitz allgemein verboten ist (§ 445a Abs. 1). Im Fall des § 110 Abs. 3 Z 5 hat die Kriminalpolizei nach den Bestimmungen der §§ 3, 4 und 6 des Produktpirateriegesetzes 2004, BGBl. I Nr. 56/2004, vorzugehen.

(3) Die Staatsanwaltschaft hat im Fall einer Sicherstellung nach § 109 Z 1 lit. B sogleich bei Gericht die Beschlagnahme zu beantragen oder, wenn deren Voraussetzungen nicht vorliegen oder weggefallen sind, die Aufhebung der Sicherstellung anzuordnen.

(4) Im Fall einer Sicherstellung von Gegenständen (§ 109 Z 1 lit. A) findet eine Beschlagnahme auch auf Antrag nicht statt, wenn sich die Sicherstellung auf Gegenstände im Sinne des § 110 Abs. 3 Z 1 lit. A und d oder Z 2 bezieht oder der Sicherungszweck durch andere behördliche Maßnahmen erfüllt werden kann. In diesen Fällen hat die Staatsanwaltschaft die erforderlichen Verfügungen über die sichergestellten

Gegenstände und ihre weitere Verwahrung zu treffen und gegebenenfalls die Sicherstellung aufzuheben.

§ 114

(1) Für die Verwahrung sichergestellter Gegenstände hat bis zur Berichterstattung über die Sicherstellung (§ 113 Abs. 2) die Kriminalpolizei, danach die Staatsanwaltschaft zu sorgen.

(2) Wenn der Grund für die weitere Verwahrung sichergestellter Gegenstände wegfällt, sind diese sogleich jener Person auszufolgen, in deren Verfügungsmacht sie sichergestellt wurden, es sei denn, dass diese Person offensichtlich nicht berechtigt ist. In diesem Fall sind sie der berechtigten Person auszufolgen oder, wenn eine solche nicht ersichtlich ist und nicht ohne unverhältnismäßigen Aufwand festgestellt werden kann, nach § 1425 ABGB gerichtlich zu hinterlegen. Die hievon betroffenen Personen sind zu verständigen.

§ 115. Beschlagnahme

(1) Beschlagnahme ist zulässig, wenn die sichergestellten Gegenstände voraussichtlich

im weiteren Verfahren als Beweismittel erforderlich sein werden,

privatrechtlichen Ansprüchen (§ 367) unterliegen oder

dazu dienen werden, eine gerichtliche Entscheidung auf Abschöpfung der Bereicherung (§ 20 StGB), auf Verfall (§ 20b StGB), auf Einziehung (§ 26 StGB) oder einer anderen gesetzlich vorgesehenen vermögensrechtlichen Anordnung zu sichern, deren Vollstreckung andernfalls gefährdet oder wesentlich erschwert würde.

(2) Über die Beschlagnahme hat das Gericht auf Antrag der Staatsanwaltschaft oder einer von der Sicherstellung betroffenen Person unverzüglich zu entscheiden.

(3) § 110 Abs. 4 gilt sinngemäß. Gegebenenfalls ist die Beschlagnahme auf die dort angeführten Aufnahmen und Kopien zu beschränken.

(4) Für eine Beschlagnahme durch Drittverbot und Veräußerungs- oder Belastungsverbot (§ 109 Z 2 lit. B) gelten, sofern in diesem Gesetz nichts anderes bestimmt wird, die Bestimmungen der Exekutionsordnung über einstweilige Verfügungen sinngemäß.

(5) In einem Beschluss, mit dem eine Beschlagnahme zur Sicherung einer gerichtlichen Entscheidung auf Abschöpfung der Bereicherung (§ 20 StGB) oder auf Verfall (§ 20b StGB) bewilligt wird, ist ein Geldbetrag zu bestimmen, in dem die voraussichtliche Abschöpfung der Bereicherung oder der voraussichtliche Verfall Deckung findet.

(6) Wenn und sobald die Voraussetzungen der Beschlagnahme nicht oder nicht mehr bestehen oder ein nach Abs. 5 bestimmter Geldbetrag erlegt wird, hat die Staatsanwaltschaft, nach dem Einbringen der Anklage das Gericht, die Beschlagnahme aufzuheben.

§ 116. Auskunft über Bankkonten und Bankgeschäfte

(1) Auskunft über Bankkonten und Bankgeschäfte ist zulässig, wenn sie zur Aufklärung eines Verbrechens oder eines Vergehens, das in die Zuständigkeit des Landesgerichts fällt (§ 31 Abs. 2 bis 4), erforderlich erscheint.

(2) Auskunft über Bankkonten und Bankgeschäfte nach § 109 Z 3 lit. b ist darüber hinaus nur zulässig, wenn auf Grund bestimmter Tatsachen anzunehmen ist,

1. die Geschäftsverbindung einer Person mit dem Kredit- oder Finanzinstitut stehe mit der Begehung der strafbaren Handlung im Zusammenhang und entweder der Kontoinhaber selbst verdächtig ist, die Tat begangen zu haben, oder zu erwarten ist, dass eine der Tat verdächtige Person eine Transaktion über das Konto abgewickelt hat oder abwickeln werde, oder

2. die Geschäftsverbindung für die Transaktion eines Vermögensvorteils benutzt werde, der durch Straftaten erlangt oder für sie empfangen wurde (§ 20 StGB) oder welcher der Verfügungsmacht einer kriminellen Organisation oder terroristischen Vereinigung unterliegt oder als Mittel der Terrorismusfinanzierung bereit gestellt oder gesammelt wurde (§ 20b StGB).

(3) Auskunft über Bankkonten und Bankgeschäfte ist durch die Staatsanwaltschaft auf Grund einer gerichtlichen Bewilligung anzuordnen.

(4) Anordnung und Bewilligung der Auskunftserteilung haben zu enthalten: …

(5) …

(6) Kredit- oder Finanzinstitute und ihre Mitarbeiter sind verpflichtet, die Auskünfte zu erteilen sowie die Urkunden und Unterlagen einsehen zu lassen und herauszugeben. … Eine Durchsuchung des Kredit- oder Finanzinstituts bedarf stets einer Anordnung der Staatsanwaltschaft auf Grund einer gerichtlichen Bewilligung. Sollen weitere Auskünfte erteilt oder weitere Urkunden oder Unterlagen zur Einsicht oder Herausgabe zur Verfügung gestellt werden, die von der Anordnung und Bewilligung (Abs. 4) nicht umfasst sind, so ist auf Verlangen des Kredit- oder Finanzinstituts nach § 112 vorzugehen. Die §§ 110 Abs. 4 und 111 Abs. 3 sind anzuwenden.

2.3 Schweiz (E-StPO[66])

Voraussichtlich im Jahr 2010 tritt eine gesamtschweizerische (eidgenössische – E –) Strafprozessordnung (E-StPO) in Kraft, die im 7. Kapitel (Art. 263 ff.) Beschlagnahmebestimmungen enthält. Aktuell gelten in der Schweiz 29 (!) Strafprozessordnungen.[67]

7. Kapitel: Beschlagnahme

Art. 263 Grundsatz

[1] Gegenstände und Vermögenswerte einer beschuldigten Person oder einer Drittperson können beschlagnahmt werden, wenn die Gegenstände und Vermögenswerte voraussichtlich:

a. als Beweismittel gebraucht werden;

b   zur Sicherstellung von Verfahrenskosten, Geldstrafen, Bussen und Entschädigungen gebraucht werden;

c   den Geschädigten zurückzugeben sind;

d   einzuziehen sind.

[2] Die Beschlagnahme ist mit einem schriftlichen, kurz begründeten Befehl anzuordnen. In dringenden Fällen kann sie mündlich angeordnet werden, ist aber nachträglich schriftlich zu bestätigen.

[3] Ist Gefahr im Verzug, so können die Polizei oder Private Gegenstände und Vermögenswerte zuhanden der Staatsanwaltschaft oder der Gerichte vorläufig sicherstellen.

---

[66] vom 5. Oktober 2007.

[67] In der Schweiz existierte bisher keine Strafprozessordnung (StPO) auf eidgenössischer Ebene. Laut Art. 123 Abs. 1 der revidierten Bundesverfassung der Schweizerischen Eidgenossenschaft (BV) ist die Gesetzgebung auf dem Gebiet des Strafrechts und der Strafprozessrechts zwar Sache des Bundes. Bis der Bund aber entsprechende Gesetze verabschiedet hat, liegt es in der Kompetenz der einzelnen Kantone, diese Materie zu regeln (nachträglich derogatorische Bundeskompetenz). Aufgrund der bisherigen kantonalen Kompetenz gelten in der Schweiz zur Zeit noch 29 Strafprozessordnungen, nämlich: 26 kantonale Strafprozessordnungen. 1 Strafprozessordnung über das Militärstrafrecht. 1 Bundesstrafprozessordnung. 1 Strafprozessordnung über das Verwaltungsstrafrecht., unter: http://de.wikipedia. org/wiki/Strafprozessordnung_(Schweiz).

Art. 264 Einschränkungen

[1] Nicht beschlagnahmt werden dürfen, ungeachtet des Ortes, wo sie sich befinden, und des Zeitpunktes, in welchem sie geschaffen worden sind:

a. Unterlagen aus dem Verkehr der beschuldigten Person mit ihrer Verteidigung;

b. persönliche Aufzeichnungen und Korrespondenz der beschuldigten Person, wenn ihr Interesse am Schutz der Persönlichkeit das Strafverfolgungsinteresse überwiegt.

c. Gegenstände, namentlich Aufzeichnungen und Korrespondenzen, die aus dem Verkehr zwischen der beschuldigten Person und Personen stammen, die nach den Artikeln 170 - 173 das Zeugnis verweigern können und die im gleichen Sachzusammenhang nicht selber beschuldigt sind.

[2] Die Einschränkungen nach Absatz 1 gelten nicht für Gegenstände und Vermögenswerte, die zur Rückgabe an die geschädigte Person oder zur Einziehung beschlagnahmt werden müssen.

[3] Macht eine berechtigte Person geltend, eine Beschlagnahme von Gegenständen und Vermögenswerten sei wegen eines Aussage- oder Zeugnisverweigerungsrechts oder aus anderen Gründen nicht zulässig, so gehen die Strafbehörden nach den Vorschriften über die Siegelung vor.

Art. 265 Herausgabepflicht

[1] Die Inhaberin oder der Inhaber ist verpflichtet, Gegenstände und Vermögenswerte, die beschlagnahmt werden sollen, herauszugeben.

[2] Keine Herausgabepflicht haben:

a. die beschuldigte Person,

b. Personen, die zur Aussage- oder Zeugnisverweigerung berechtigt sind, im Umfang ihres Verweigerungsrechts;

c. Unternehmen, wenn sie sich durch die Herausgabe selbst derart belasten würden, dass sie:

    1. strafrecht verantwortlich gemacht werden könnten, oder

    2. zivilrechtlich verantwortlich gemacht werden könnten, und wenn das Schutzinteresse das Strafverfolgungsinteresse überwiegt.

[3] Die Strafbehörde kann die zur Herausgabe verpflichtete Person zur Herausgabe auffordern, ihr eine Frist setzen und sie für den Fall der

Nichtbeachtung auf die Strafandrohung von Artikel 292 StGB[68] oder die Möglichkeit einer Ordnungsbusse hinweisen.

[4] Zwangsmaßnahen sind nur zulässig, wenn die Herausgabe verweigert wurde oder anzunehmen ist, dass die Aufforderung zur Herausgabe den Zweck der Massnahme vereiteln würde.

Art. 266 Durchführung

...

Art. 267
Entscheid über beschlagnahmte Gegenstände und Vermögenswerte

[1] Ist der Grund für die Beschlagnahme weggefallen, so hebt die Staatsanwaltschaft oder das Gericht die Beschlagnahme auf und händigt die Gegenstände oder Vermögenswerte der berechtigten Person aus.

[2] Ist unbestritten, dass ein Gegenstand oder Vermögenswert einer bestimmten Person durch die Straftat unmittelbar entzogen worden ist, so gibt die Strafbehörde ihn der berechtigten Person vor Abschluss des Verfahrens zurück.

[3] Ist die Beschlagnahme eines Gegenstandes oder Vermögenswertes nicht vorher aufgehoben worden, so ist über seine Rückgabe an die berechtigte Person, seine Verwendung zur Kostendeckung oder über seine Einziehung im Endentscheid zu befinden.

[4] ...

[5] Die Strafbehörde kann die Gegenstände oder Vermögenswerte einer Person zusprechen und den übrigen Ansprechpartnerinnen oder Ansprechpartnern Frist zur Anhebung von Zivilklagen setzen.

[6] Sind im Zeitpunkt der Aufhebung der Beschlagnahme die Berechtigten nicht bekannt, so schreibt die Staatsanwaltschaft oder das Gericht die Gegenstände oder Vermögenswerte zur Anmeldung von Ansprüchen öffentlich aus. Erhebt innert fünf Jahren seit der Ausschreibung niemand Anspruch, so fallen die beschlagnahmten Gegenstände und Vermögenswerte an den Kanton oder den Bund.

Art. 268 Beschlagnahme zur Kostendeckung

...

---

[68] SR 311.0

3. Formelles Strafrecht in seinen wesentlichen Teilen (Verfahrenseinstellungen)

3.1 Deutschland (StPO[69])

**Zweites Buch. Verfahren im ersten Rechtszug
Erster Abschnitt. Öffentliche Klage**

§ 153 Absehen von Verfolgung wegen Geringfügigkeit

(1) Hat das Verfahren ein Vergehen zum Gegenstand, so kann die Staatsanwaltschaft mit Zustimmung des für die Eröffnung des Hauptverfahrens zuständigen Gerichts von der Verfolgung absehen, wenn die Schuld des Täters als gering anzusehen wäre und kein öffentliches Interesse an der Verfolgung besteht. Der Zustimmung des Gerichtes bedarf es nicht bei einem Vergehen, das nicht mit einer im Mindestmaß erhöhten Strafe bedroht ist und bei dem die durch die Tat verursachten Folgen gering sind.

(2) Ist die Klage bereits erhoben, so kann das Gericht in jeder Lage des Verfahrens unter den Voraussetzungen des Absatzes 1 mit Zustimmung der Staatsanwaltschaft und des Angeschuldigten das Verfahren einstellen. Der Zustimmung des Angeschuldigten bedarf es nicht, wenn die Hauptverhandlung aus den in § 205 angeführten Gründen nicht durchgeführt werden kann oder in den Fällen des § 231 Abs. 2 und der §§ 232 und 233 in seiner Abwesenheit durchgeführt wird. Die Entscheidung ergeht durch Beschluß. Der Beschluß ist nicht anfechtbar.

§ 153a Einstellung des Verfahrens bei Erfüllung von Auflagen und Weisungen

(1) Mit Zustimmung des für die Eröffnung des Hauptverfahrens zuständigen Gerichts und des Beschuldigten kann die Staatsanwaltschaft bei einem Vergehen vorläufig von der Erhebung der öffentlichen Klage absehen und zugleich dem Beschuldigten Auflagen und Weisungen erteilen, wenn diese geeignet sind, das öffentliche Interesse an der Strafverfolgung zu beseitigen, und die Schwere der Schuld nicht entgegensteht. Als Auflagen und Weisungen kommen insbesondere in Betracht,

---

[69] Strafprozeßordnung in der Fassung der Bekanntmachung vom 7. April 1987 (BGBl. I S. 1074, 1319), das durch Artikel 3 des Gesetzes vom 30. Juli 2009 (BGBl. I S. 2437) geändert worden ist.

zur Wiedergutmachung des durch die Tat verursachten Schadens eine bestimmte Leistung zu erbringen,

einen Geldbetrag zugunsten einer gemeinnützigen Einrichtung oder der Staatskasse zu zahlen,

sonst gemeinnützige Leistungen zu erbringen,

Unterhaltspflichten in einer bestimmten Höhe nachzukommen oder sich ernsthaft zu bemühen, einen Ausgleich mit dem Verletzten zu erreichen (Täter-Opfer-Ausgleich) und dabei seineTat ganz oder zum überwiegenden Teil wieder gut zu machen oder deren Wiedergutmachung zu erstreben, oder

an einem Aufbauseminar nach § 2b Abs. 2 Satz 2 oder § 4 Abs. 8 Satz 4 des Straßenverkehrsgesetzes teilzunehmen.

Zur Erfüllung der Auflagen und Weisungen setzt die Staatsanwaltschaft dem Beschuldigten eine Frist, die in den Fällen des Satzes 2 Nr. 1 bis 3, 5 und 6 höchstens sechs Monate, in den Fällen des Satzes 2 Nr. 4 höchstens ein Jahr beträgt. Die Staatsanwaltschaft kann Auflagen und Weisungen nachträglich aufheben und die Frist einmal für die Dauer von drei Monaten verlängern; mit Zustimmung des Beschuldigten kann sie auch Auflagen und Weisungen nachträglich auferlegen und ändern. Erfüllt der Beschuldigte die Auflagen und Weisungen, so kann die Tat nicht mehr als Vergehen verfolgt werden. Erfüllt der Beschuldigte die Auflagen und Weisungen nicht, so werden Leistungen, die er zu ihrer Erfüllung erbracht hat, nicht erstattet. § 153 Abs. 1 Satz 2 gilt in den Fällen des Satzes 2 Nr. 1 bis 5 entsprechend.

(2) Ist die Klage bereits erhoben, so kann das Gericht mit Zustimmung der Staatsanwaltschaft und des Angeschuldigten das Verfahren bis zum Ende der Hauptverhandlung, in der die tatsächlichen Feststellungen letztmals geprüft werden können, vorläufig einstellen und zugleich dem Angeschuldigten die in Absatz 1 Satz 1 und 2 bezeichneten Auflagen und Weisungen erteilen. Absatz 1 Satz 3 bis 6 gilt entsprechend. Die Entscheidung nach Satz 1 ergeht durch Beschluß. Der Beschluß ist nicht anfechtbar. Satz 4 gilt auch für eine Feststellung, daß gemäß Satz 1 erteilte Auflagen und Weisungen erfüllt worden sind.

(3) Während des Laufes der für die Erfüllung der Auflagen und Weisungen gesetzten Frist ruht die Verjährung.

§ 153b Absehen von Klage; Einstellung

(1) Liegen die Voraussetzungen vor, unter denen das Gericht von Strafe absehen könnte, so kann die Staatsanwaltschaft mit Zustimmung des

Gerichts, das für die Hauptverhandlung zuständig wäre, von der Erhebung der öffentlichen Klage absehen.

(2) Ist die Klage bereits erhoben, so kann das Gericht bis zum Beginn der Hauptverhandlung mit Zustimmung der Staatsanwaltschaft und des Angeschuldigten das Verfahren einstellen.

Zweiter Abschnitt. Vorbereitung der öffentlichen Klage

§ 170 Erhebung der öffentlichen Klage; Einstellung des Verfahrens

(1) Bieten die Ermittlungen genügenden Anlaß zur Erhebung der öffentlichen Klage, so erhebt die Staatsanwaltschaft sie durch Einreichung einer Anklageschrift bei dem zuständigen Gericht.

(2) Andernfalls stellt die Staatsanwaltschaft das Verfahren ein. Hiervon setzt sie den Beschuldigten in Kenntnis, wenn er als solcher vernommen worden ist oder ein Haftbefehl gegen ihn erlassen war; dasselbe gilt, wenn er um einen Bescheid gebeten hat oder wenn ein besonderes Interesse an der Bekanntgabe ersichtlich ist.

3.2 Österreich (StPO[70])

3. TEIL

Beendigung des Ermittlungsverfahrens
10. Hauptstück

Einstellung, Abbrechung und Fortführung
des Ermittlungsverfahrens

§ 190. Einstellung des Ermittlungsverfahrens

Die Staatsanwaltschaft hat von der Verfolgung einer Straftat abzusehen oder das Ermittlungsverfahren insoweit einzustellen, als
1.
die dem Ermittlungsverfahren zu Grunde liegende Tat nicht mit gerichtlicher Strafe bedroht ist oder sonst die weitere Verfolgung des Beschuldigten aus rechtlichen Gründen unzulässig wäre oder
2.
kein tatsächlicher Grund zur weiteren Verfolgung des Beschuldigten besteht.

§ 191. Einstellung wegen Geringfügigkeit

(1) Von der Verfolgung einer Straftat, die nur mit Geldstrafe, mit einer Freiheitsstrafe bedroht ist, deren Höchstmaß drei Jahre nicht übersteigt, oder mit einer solchen Freiheitsstrafe und Geldstrafe hat die Staatsanwaltschaft abzusehen und das Ermittlungsverfahren einzustellen, wenn
1.
in Abwägung der Schuld, der Folgen der Tat und des Verhaltens des Beschuldigten nach der Tat, insbesondere im Hinblick auf eine allfällige Schadensgutmachung, sowie weiterer Umstände, die auf die Strafbemessung Einfluss hätten, der Störwert der Tat als gering anzusehen wäre und
2. eine Bestrafung oder ein Vorgehen nach dem 11. Hauptstück[71] nicht geboten erscheint, um den Beschuldigten von der Begehung strafbarer Handlungen abzuhalten oder der Begehung strafbarer Handlungen durch andere entgegen zu wirken.
(2)

---

[70] Berücksichtigter Stand der Gesetzgebung: 31. Juli 2009.
[71] 11. Hauptstück – Rücktritt von der Verfolgung (Diversion).

Nach Einbringen der Anklage, im Verfahren vor dem Landgericht als Geschworenen- oder Schöffengericht nach Rechtswirksamkeit der Anklageschrift wegen Begehung einer strafbaren Handlung, die von Amts wegen zu verfolgen ist, hat das Gericht unter denselben Voraussetzungen (Abs. 1) das Verfahren bis zum Schluss der Hauptverhandlung mit Beschluss einzustellen. § 209 Abs. 2 erster Satz gilt sinngemäß.

§ 192. Einstellung bei mehreren Straftaten

(1) Von der Verfolgung einzelner Straftaten kann die Staatsanwaltschaft endgültig oder unter Vorbehalt späterer Verfolgung absehen und das Ermittlungsverfahren insoweit einstellen, wenn dem Beschuldigten mehrere Straftaten zur Last liegen und

1.

dies voraussichtlich weder auf die Strafen oder vorbeugenden Maßnahmen, auf die mit der Verurteilung verbundenen Rechtsfolgen noch auf diversionelle Maßnahmen wesentlichen Einfluss hat oder

2.

der Beschuldigte schon im Ausland für die ihm zur Last liegende Straftat bestraft oder dort nach Diversion außer Verfolgung gesetzt worden ist und nicht anzunehmen ist, dass das inländische Gericht eine strengere Strafe verhängen werde oder er wegen Begehung anderer strafbarer Handlungen an einen anderen Staat ausgeliefert wird und die im Inland zu erwartenden Strafen oder vorbeugenden Maßnahmen gegenüber jenen, auf die voraussichtlich im Ausland erkannt werden wird, nicht ins Gewicht fallen.

(2) Eine nach Abs. 1 vorbehaltene Verfolgung kann innerhalb dreier Monate nach rechtskräftigem Abschluss des inländischen oder innerhalb eines Jahres nach rechtskräftigem Abschluss des ausländischen Strafverfahrens wieder aufgenommen werden. Ein abermaliger Vorbehalt wegen einzelner Straftaten ist sodann unzulässig.

§ 193. Fortführung des Verfahrens

(1) …
(2) …
(3) …

§ 194. Verständigungen

…

3.3 Schweiz (E-StPO)[72]

Voraussichtlich im Jahr 2010 tritt eine gesamtschweizerische (eidgenössische – E –) Strafprozessordnung (E-StPO) in Kraft, die im 4. Kapitel (Art. 319 ff.) Bestimmungen über Verfahrenseinstellungen enthält. Aktuell gelten in der Schweiz 29 (!) Strafprozessordnungen (vgl. Fußnote 67).

Wesentliches aus Art. 319 ff.

Art. 319 Gründe

[1] Die Staatsanwaltschaft verfügt die vollständige oder teilweise Einstellung des Verfahrens, wenn:
a. kein Tatverdacht erhärtet ist, der eine Anklage rechtfertigt;
b. kein Straftatbestand erfüllt ist;
c. Rechtfertigungsgründe einen Straftatbestand unanwendbar machen;
d. Prozessvoraussetzungen definitiv nicht erfüllt werden können oder Prozesshindernisse aufgetreten sind;
e. nach gesetzlicher Vorschrift auf Strafverfolgung oder Bestrafung verzichtet werden kann.
[2] Sie kann das Verfahren ausnahmsweise auch dann einstellen, wenn:
…

Art. 320 Einstellungsverfügung

[1] …
[2] Die Staatsanwaltschaft hebt in der Einstellungsverfügung bestehende Zwangsmaßnahmen auf. Sie kann die Einziehung von Gegenständen und Vermögenswerten anordnen.
[3] …
[4] Eine rechtskräftige Einstellungsverfügung kommt einem freisprechenden Endentscheid gleich.

Art. 321 Mitteilung

[1] …
[2] …
[3] …

---

[72] vom 5. Oktober 2007.

Art. 322 Genehmigung und Rechtsmittel

[1] …

[2] …

Anhang 2

Präventive Gewinnabschöpfung;
Hinweise zum Verfahren der Sicherstellung
nach § 26 Nds. SOG vor strafprozessualer Herausgabe
offensichtlich nicht rechtmäßig erlangter Sachen[73]

Gem. RdErl. d. MI u. d. MJ vom 16.11.2007
– P 22.2-1201-26 –

– VORIS 21011 –

Bezug: a) RdErl. v. 16.7.1998 (Nds. MBl. S.1078)
– VORIS 21011 10 00 00 060 –[74]
b) RdErl. v. 26.2.2007 (Nds. MBl. S. 224)
– VORIS 21011 –[75]

1. Inhalt

Können die im Rahmen eines Ermittlungsverfahrens sichergestell-
ten/beschlagnahmten Sachen keiner konkreten rechtswidrigen Tat zugeordnet werden und liegen somit nicht die Voraussetzungen einer
Einziehung oder des Verfalls vor und sind auch nicht die Voraussetzungen des erweiterten Verfalls gegeben, sind die Sachen prinzipiell an
die letzte Gewahrsamsinhaberin oder den letzten Gewahrsamsinhaber
zurückzugeben, sofern nicht auf die Rückgabe verzichtet wird/wurde.
Sind die sichergestellten/beschlagnahmten Sachen aber von der beschuldigten Person offensichtlich nicht rechtmäßig erlangt worden, besteht unter bestimmten (im Folgenden dargelegten) Voraussetzungen
die Möglichkeit einer Sicherstellung nach § 26 Nds. SOG, um die
Rückgabe an die zum Verzicht nicht bereite beschuldigte Person zu
vermeiden.
Um zu erreichen, dass von dieser Möglichkeit weitgehend und effektiv
Gebrauch gemacht wird, ist ein abgestimmtes Zusammenwirken der

---

[73] Nds. MBl. 50/2007, S. 1515.
[74] Hinweis des Buchverfassers: Neufassung der Ausführungsbestimmungen zum
Niedersächsischen Gefahrenabwehrgesetz (AB NGefAG); neu: Niedersächsisches
Sicherheits- und Ordnungsgesetz (Nds. SOG).
[75] Hinweis des Buchverfassers: Behandlung von Verwahrstücken durch die Polizei.

Staatsanwaltschaft mit den zuständigen Verwaltungsbehörden und der Polizei erforderlich.

Vor diesem Hintergrund werden die nachfolgenden Hinweise gegeben:

2. Zuständigkeiten

2.1 Sachliche Zuständigkeit

Sachlich zuständig für die Durchführung der Sicherstellung gemäß § 26 Nds. SOG, die anschließende Verwahrung gemäß § 27 Nds. SOG sowie eine ggf. durchzuführende Verwertung gemäß den §§ 28 ff. Nds. SOG sind gemäß § 97 Abs. 1 Nds. SOG grundsätzlich die Gemeinden. Eine Eilzuständigkeit der Polizei (i.S. des § 1 Abs. 2 Satz 1 Nds. SOG) für die Durchführung der Sicherstellung besteht in der Regel nicht, da es der Staatsanwaltschaft – auch bei einer Entscheidung durch die Richterin oder den Richter – regelmäßig möglich sein wird, die zuständige Verwaltungsbehörde so rechtzeitig zu informieren, dass eine Sicherstellung der Sache(n) vor der Hausausgabe angeordnet werden kann.

Es ist insoweit auch keine originäre Zuständigkeit der Polizei im Hinblick auf die Verhütung von Straftaten gegeben. Die Polizei wird nach § 1 Abs. 1 Satz 3 Nds. SOG nur dann vorrangig tätig, wenn ihr bestimmte Befugnisse zur Erkenntnisgewinnung vorbehalten sind und nur sie aus ihrer strafverfolgenden Tätigkeit über spezifisches Erfahrungswissen verfügt, um kriminellen Gefahren entgegenwirken zu können. Diese besonderen Voraussetzungen liegen hinsichtlich einer präventiven Sicherstellung regelmäßig nicht vor. Die Sicherstellung von bereits in behördlicher Verwahrung befindlichen Sachen ist unproblematisch durch einfaches ordnungsbehördliches Eingreifen möglich. Insoweit greift die Ausnahme von der (Regel-) Zuständigkeit der Verwaltungsbehörden regelmäßig nicht (vgl. Nr. 1.2 des Bezugserlasses zu a).

Die Verwahrung (§ 27 Nds. SOG) präventiv sichergestellter Sachen und eine ggf. durchzuführende Verwertung (§ 28 ff. Nds. SOG) fällt wegen der Subsidiarität der polizeilichen Tätigkeit prinzipiell in die Zuständigkeit der Verwaltungsbehörden, selbst dann, wenn die Polizei aufgrund besonderer – vom Regelfall abweichender – Sachumstände eine Sicherstellung gem. § 26 Nds. SOG durchgeführt hat.

2.2 Örtliche Zuständigkeit

Die örtliche Zuständigkeit richtet sich nach § 100 Abs. 1 Satz 2 Nds. SOG. Aufgrund der bevorstehenden Herausgabeentscheidung der

Staatsanwaltschaft wird die nach § 26 Nr. 1 Nds. SOG erforderliche gegenwärtige Gefahr begründet bzw. werden die Interessen des in § 26 Nr. 2 Nds. SOG genannten Personenkreises gefährdet. Unabhängig vom tatsächlichen Aufbewahrungsort ist die Verwaltungsbehörde am Sitz der Staatsanwaltschaft örtlich zuständig.

3. Allgemeine Hinweise

3.1 Sicherstellungsobjekte

§ 26 Nds. SOG erlaubt anders als § 111 b StPO (unter den Begriff Gegenstände i. S. dieser Vorschrift fallen auch Rechte) nur die Sicherstellung von Sachen i. S. des § 90 BGB. Darunter fällt Bargeld, aber kein Buchgeld. Sofern sichergestelltes Bargeld durch die Strafverfolgungsbehörden zwecks Verwahrung auf ein Verwahrkonto eingezahlt wird, gilt dieses für eine sich anschließende, auf § 26 Nds. SOG gestützte Sicherstellung weiterhin als Bargeld. Eine darüber hinausgehende analoge Anwendung auf Fälle, in denen die Strafverfolgungsbehörde originär Buchgeld sichergestellt hat, ist ausgeschlossen. Hier fehlt es an der Planwidrigkeit einer Regelungslücke.

3.2 Rechtsgrundlagen

Die Sicherstellung von Sachen nach strafprozessualer Herausgabe ist grundsätzlich sowohl auf der Grundlage des § 26 Nr. 1 Nds. SOG als auch des § 26 Nr. 2 Nds. SOG möglich. § 26 Nr.1 Nds. SOG erfordert allerdings das Vorliegen einer gegenwärtigen Gefahr (vgl. § 2 Nr. 1 Buchst. a und b Nds. SOG) und ist insoweit enger als § 26 Nr. 2 Nds. SOG.

3.3 Besonderheiten bei der Sicherstellung von Bargeld

Bargeld, das im Rahmen von Straftaten erlangt wird – sofern es nicht gestohlen wurde – gilt sachenrechtlich als Eigentum der oder des Beschuldigten, da die Rechtswidrigkeit des Verpflichtungsgeschäftes nicht zwangsläufig auf die Wirksamkeit der sachenrechtlichen Eigentumsübertragung durchschlägt. Eine Sicherstellung von Bargeld ist wenn möglich auf § 26 Nr. 1 Nds. SOG zu stützen.

3.4 Widerlegung der Eigentumsvermutung

Die Sicherstellung nach § 26 Nr. 2 Nds. SOG ist nur anzuordnen, wenn die Vermutung des § 1006 BGB, nach der zugunsten der (letzten) Besitzerin oder des (letzten) Besitzers einer Sache die Eigentümerstellung vermutet wird, widerlegt werden kann. Dies ist auch mithilfe von Indiztatsachen und Erfahrungssätzen möglich. In diesen Fällen tritt eine Umkehr der Beweislast ein, so dass die oder der Beschuldigte den Nachweis des Eigentums an den Gegenständen zu führen hat.

Indiztatsachen und Erfahrungssätze sind etwa:
- Sachen sind noch original verpackt;
- an den Sachen sind noch Spuren deliktischer Herkunft zu finden (Autoradios oder Elektrogeräte mit durchtrennten Kabeln, Fahrräder mit aufgebrochenen Schlössern);
- bei der Gewahrsamsinhaberin oder bei dem Gewahrsamsinhaber befand sich eine Anzahl/Vielzahl von (gleichartigen) Sachen, für die evtl. nicht einmal Verwendung besteht (z.B. Beschuldigte bzw. Beschuldigter hat Autoradios, aber kein Auto);
- Sachen sind noch mit Sicherungsetiketten und/oder Preisschildern versehen;
- die finanzielle Situation bzw. das Einkommen der Gewahrsamsinhaberin oder des Gewahrsamsinhabers lässt redlichen Erwerb der Sachen (auch Bargeld) nicht erklären;
- Rechnungen, Quittungen, Belege über den redlichen Erwerb der Sachen können nicht vorgelegt werden;
- die Gewahrsamsinhaberin oder der Gewahrsamsinhaber ist bereits einschlägig strafrechtlich in Erscheinung getreten.

3.5 Wert der sicherzustellenden Sachen (Bagatellgrenze)

Liegen hinreichende Anhaltspunkte dafür vor, dass die letzte Gewahrsamsinhaberin oder der letzte Gewahrsamsinhaber die Sachen unrechtmäßig erlangt hat, soll eine präventive Sicherstellung angeordnet werden. Sie sollte nur dann unterbleiben, wenn der administrative Aufwand und/oder die (Lagerungs-/Verwertungs-)Kosten unter Berücksichtigung der Art der Sache und auch der Persönlichkeit der beschuldigten Person eine Sicherstellung unverhältnismäßig erscheinen lassen. Insoweit bedarf es regelmäßig nur dann einer sorgfältigen Prüfung, ob eine Rückgabe untunlich ist oder nicht, wenn der Wert der Gegenstände im konkreten Fall in der Summe unter 500 EUR liegt.

4. Hinweise für Staatsanwaltschaft und Polizei im Rahmen des Ermittlungsverfahrens

4.1 Rückgabeverzicht

Im Rahmen des Ermittlungsverfahrens ist so früh wie möglich zu versuchen, von der beschuldigten Person den ausdrücklichen Verzicht auf Rückgabe zu erlangen. Dabei sollte der Hinweis gegeben werden, dass bei fehlender Verzichtserklärung das verwaltungsrechtliche Verfahren nach § 26 Nds. SOG durchgeführt werden kann.

4.2 Prüfung der Sicherstellung nach § 26 Nds. SOG

Weigert sich die beschuldigte Person auch nach vorstehendem Hinweis, auf die Rückgabe zu verzichten, entscheidet die Staatsanwaltschaft unter Beachtung der in Nummer 3 dargelegten Grundsätze, ob eine Sicherstellung nach § 26 Nr. 1 oder 2 Nds. SOG in Betracht kommt. Dies setzt die Feststellung voraus, dass im Ermittlungsverfahren die Voraussetzungen einer Sicherstellung nach den §§ 111 b ff. StPO bzw. Beschlagnahme gemäß § 94 StPO nicht (mehr) vorliegen und auch bei weiteren Ermittlungen keine Sicherstellung/Beschlagnahme oder Einziehung/Verfall (§§ 73 ff. StGB) in Betracht kommt und auch die Voraussetzungen des erweiterten Verfalls nicht gegeben sind.

4.3 Abgabe an die Verwaltungsbehörde

Sind die Voraussetzungen gemäß Nummer 3.2 erfüllt, ist der zuständigen Behörde Gelegenheit zur Sicherstellung nach § 26 Nds. SOG zu geben. Die Akten oder – sofern die Akten noch benötigt werden – ein anzulegender Sonderband sind unmittelbar der zuständigen Behörde zu übersenden. Der Vorgang wird mit dem deutlich sichtbaren Hinweis „Sicherstellung nach § 26 Nds. SOG" übersandt. In dringenden Fällen ist die zuständige Behörde vorab telefonisch oder per Fax über den Sachverhalt zu informieren.

4.4 Freigabeentscheidung

Die zuständige Behörde muss so rechtzeitig vor der Freigabeentscheidung über den Sachverhalt informiert werden, dass sie einen Bescheid gegenüber der letzten Gewahrsamsinhaberin oder dem letzten Gewahrsamsinhaber erlassen kann, mit dem sie die Sachen zum Zwecke der

Gefahrenabwehr sicherstellt. Erst wenn dieser Bescheid vorliegt, kann die Freigabeentscheidung (durch die Staatsanwaltschaft) der letzten Gewahrsamsinhaberin oder dem letzten Gewahrsamsinhaber bekannt gegeben werden. Mit Bekanntgabe der Freigabeentscheidung gegenüber der Verwahrstelle ist auf die Sicherstellung durch die Verwaltungsbehörde hinzuweisen.

5. Hinweise für die Durchführung der Sicherstellung gemäß § 26 Nds. SOG

5.1 Wird eine Gemeinde von der Staatsanwaltschaft um eine präventive Sicherstellung gebeten, entscheidet sie selbstverständlich und unverzüglich unter Beachtung der in Nummer 3 dargelegten Grundsätze über die Anordnung nach § 26 Nds. SOG.

5.2 Die Anordnung der Sicherstellung ist der letzten Gewahrsamsinhaberin oder dem letzten Gewahrsamsinhaber schriftlich bekannt zu geben. Ist eine Sache originär präventiv gemäß § 26 Nds. SOG sichergestellt worden (wenn z.B. in der „Niederschrift über Durchsuchung, Sicherstellung, Beschlagnahme" angekreuzt ist, dass die Sicherstellung zur Gefahrenabwehr erfolgt ist), bedarf es keiner weiteren Sicherstellung.

6. Hinweise zur Verwahrung

6.1 Die sichergestellte Sache ist von der zuständigen Verwaltungsbehörde (vgl. Nummer 2) unverzüglich von der bisherigen Verwahrstelle (Staatsanwaltschaft oder Polizei) abzuholen und in Verwahrung zu nehmen. Im Einvernehmen zwischen bisheriger Verwahrstelle und zuständiger Verwaltungsbehörde sind abweichende Regelungen in Bezug auf die Abholung zulässig.

6.2 Die Verwaltungsbehörde hat sicherzustellen, dass die Verwahrstücke in geeigneter Weise derart erfasst werden, dass eine zweifelsfreie Identifikation des jeweiligen Verwahrstückes möglich ist. Hierbei können beispielsweise Art, Anzahl, Maß und Gewicht zu berücksichtigende Merkmale sein. Zur Vermeidung von Verwechslungen ist eine geeignete Kennzeichnung der Verwahrstücke zu gewährleisten, aus der Name und Anschrift der letzten Gewahrsamsinhaberin oder des letzten Gewahrsamsinhabers sowie das Datum des Beginns der Sicherstellung hervorgeht. Um die ordnungsgemäße Übergabe der Verwahrstücke von der bisherigen Verwahrstelle an die Verwaltungsbehörde sicherstellen zu können, kann nach Absprache mit der bisherigen Verwahrstelle auf entsprechende Dokumente zurückgegriffen werden, die bei dieser bereits vorhanden sind.

7. Hinweise zur Verwertung

7.1 Sofern die Sache nicht herauszugeben ist (§ 29 Abs. 1 Nds. SOG), soll sie verwertet werden. Kann bei einer auf § 26 Nr. 2 Nds. SOG gestützten Sicherstellung die Person, zu deren Gunsten die Sicherstellung erfolgte, nicht ermittelt werden, kommt eine Verwertung auf Grundlage des § 28 Abs. 1 Nr. 4 Nds. SOG in Betracht. Die letzte Gewahrsamsinhaberin oder der letzte Gewahrsamsinhaber, also die Person, gegen die das Ermittlungsverfahren geführt wurde, ist nicht berechtigte Person i. S. des § 28 Abs. 1 Nr. 4 Nds. SOG. Sofern die Sicherstellung nach § 26 Nr. 1 Nds. SOG erfolgte, kann eine Verwertung gemäß § 28 Abs. 1 Nr. 4 Nds. SOG erfolgen, da im Fall der Herausgabe an die bisherige Gewahrsamsinhaberin oder den bisherigen Gewahrsamsinhaber regelmäßig die Gefahrenlage des § 26 Nr. 1 Nds. SOG erneut begründet würde. Eine Verwertung sichergestellten Bargeldes sowie Buchgeldes, das nach Nummer 3.1 als Bargeld behandelt wird, erübrigt sich. Unter den Voraussetzungen des § 28 Abs. 1 Nr. 4 Nds. SOG kann dieses Bargeld jedoch als Erlös behandelt werden.

7.2 Im Übrigen richtet sich die Verwertung grundsätzlich nach § 28 f. Nds. SOG. Insoweit wird auf den Bezugserlass zu a verwiesen.

8. Hinweise zu Verwertungserlös/Kosten

8.1 Ist eine berechtigte Person nicht zu ermitteln, ist der Erlös bzw. im Fall von sichergestelltem Bargeld das Bargeld selbst (in entsprechender Anwendung des § 29 Abs. 2 Satz 2 Nds. SOG) nach den Vorschriften des BGB zu hinterlegen (vgl. § 29 Abs. 2 Satz 2 Nds. SOG). Abweichend von § 383 BGB erlischt der Anspruch auf Herausgabe des Erlöses gem. § 29 Abs. 2 Satz 3 Nds. SOG bereits nach drei Jahren. Die Person, gegen die das Ermittlungsverfahren geführt wurde, ist nicht berechtigte Person i. S. des § 29 Abs. 2 Nds. SOG; der Verwertungserlös fließt ihr somit nicht zu.

8.2 Der Erlös oder das hinterlegte Geld (entsprechend § 29 Abs. 2 Satz 3 Nds. SOG) fließt nach Ablauf der drei Jahre dem Kostenträger zu (vgl. § 105 Abs. 4 Nds. SOG).

8.3 Gemäß § 29 Abs. 3 Satz 1 Nds. SOG fallen die Kosten der Sicherstellung den nach § 6 oder 7 Nds. SOG Verantwortlichen zur Last. Kosten i. S. des § 29 Abs. 3 Nds. SOG sind alle bei der Sicherstellung auf der Grundlage des Nds. SOG und ihrer Durchführung (also insbesondere auch Entgeltzahlungen an ein mit der Aufbewahrung der Sache beauftragtes Unternehmen) sowie der etwaigen Verwertung der Sache angefallenen finanziellen Aufwendungen. Hinzu kommen ggf. Gebühren für Amtshandlungen nach dem Verwaltungskostengesetz. Über die Kostenpflicht und die Höhe der Kosten ist ein Kostenbescheid zu erlassen.

Unbeschadet hiervor bleibt die Möglichkeit, im Fall des § 29 Abs. 3 Satz 4 Nds. SOG (Verwertung) die Kosten aus dem Erlös oder mit dem Bargeld nach Ablauf der 3-Jahres-Frist zu decken.

9. Übergangs-/Schlussbestimmungen

Nr. 75 Abs. 4 der Richtlinien für das Strafverfahren und das Bußgeldverfahren (RiStBV) in der ab dem 1.1.2008 geltenden Fassung)* und der Bezugserlass zu b bleiben im Übrigen unberührt.

---

*) Bis zum 31.12.2007 gilt Nr. 75 Abs. 5 RiStBV.
An die
Gemeinden und Samtgemeinden
Polizeibehörden und -einrichtungen
Generalstaatanwaltschaften und Staatsanwaltschaften
Nachrichtlich:
An die
Region Hannover und Landkreise

Weiteres zur PräGe unter:

http://ernsthunsicker.de, Menüpunkte:
- Präventive Gewinnabschöpfung (PräGe)
- Bücher zur PräGe
- Replik auf *Waechter* zur PräGe
- Entgegnung auf *Thiée* zur PräGe

Kontakt: ernsthunsicker@yahoo.de

Anhang 3

Auflistung von verwaltungsgerichtlichen Entscheidungen zur Präventiven Gewinnabschöpfung[76]

I. Sicherstellung von Gegenständen

- Urteil VG Karlsruhe, Az. 9 K 2018/99, vom 10.05.2001 (*rechtskräftig*) – *Sicherstellung von ca. 2.000 Gegenständen ("Diebstahl")*

- Beschluss VGH Baden-Württemberg, Az. 1 S 1710/01, (*rechtskräftig*) vom 20.02.2002 – *Beschluss zum vorstehenden Urteil des VG Karlsruhe*

- Urteil Bay. VG Ansbach, Az. AN 5 K 04.00664, vom 08.10.2004 (*rechtskräftig*) – *Sicherstellung von offensichtlich dem Kläger nicht gehörenden Gegenständen (Schmuck) nach Abschluss des Strafverfahrens*

- Urteil VG Osnabrück, Az. 4 A 41/05, vom 25.04.2006 (*rechtskräftig*) – *Sicherstellung von 93 Eisenbahnmodellen ("Hehlerei")*

- Urteil VG Stade, Az. 1 A 19/07, vom 25.02.2008 (*rechtskräftig*) – *Sicherstellung diverser Gegenstände*

- Beschluss OVG Lüneburg, Az. 11 LA 133/08 / 1 A 19/07, vom 13.05.2008 – *OVG-Beschluss zum vorstehenden Urteil des VG Stade*

- Urteil VG Koblenz, Az. 5 K 1802/07.KO, vom 23.04.2008 (*rechtskräftig*) – *Sicherstellung einer großen Anzahl von Kosmetikartikeln im Gesamtwert von etwa 1.800,00 €*

---

[76] Dazu *Hunsicker*, Präventive Gewinnabschöpfung (PräGe) – Entscheidungssammlung in Volltexten (Sammelband), 2., überarb. & erw. Auflage (2009), 226 Seiten, GRIN Verlag München/Ravensburg.

- Beschluss VG Stade, Az. 1 A 19/07, vom 31.08.2007 (*rechts-kräftig*) – *Sicherstellung von Gegenständen aus gefahrenab-wehrrechtlichen Gründen; Antrag auf Bewilligung von Prozess-kostenhilfe (PKH)*

- Beschluss Nds. OVG (Lüneburg), Az. 11 PA 391/07 / 1 A 19/97, vom 14.01.2008 – *OVG-Beschluss zum vorstehenden Be-schluss des VG Stade*

II. Sicherstellung von Bargeld

- Urteil VG Berlin, Az. VG 1 A 173.98, vom 02.02.2000 (*rechts-kräftig*) – *Sicherstellung von 155.000 DM Bargeld*

- Beschluss OVG Berlin, Az. OVG 1 N 13.00, vom 16.09.2002 (*rechtskräftig*) – *OVG-Beschluss zum vorstehenden Urteil des VG Berlin*

- Beschluss VG Berlin, Az. VG 1 A 442.01, vom 11.02.2004 – (*rechtskräftig*) *Sicherstellung von 298.000 DM Bargeld („Dro-genschmuggel")*

- Urteil Bay. VG Regensburg, Az. RN11 K 03.1962, vom 18.01.2005 (*rechtskräftig*) – *Sicherstellung von 225.000 € Bar-geld („Drogenschmuggel")*

- Beschluss VG Aachen, Az. 6 L 825/04, vom 10.02.2005 (*rechtskräftig*) – *Sicherstellung von 93.450 € Bargeld („Ziga-rettenschmuggel")*

- Urteil VG Aachen, Az. 6 K 1757/05, vom 15.02.2007 (*rechts-kräftig*) – *VG-Urteil zum vorstehenden Beschluss des VG Aa-chen*

- Beschluss VG Braunschweig, Az. 5 B 284/06, vom 19.10.2006 (*rechtskräftig*) – *Sicherstellung von 10.850 € Bargeld („Enkel-trickbetrug")*

- Beschluss VG Braunschweig, Az. 5 B 332/06, vom 18.01.2007 (*rechtskräftig*) – *Sicherstellung von 637,35 € Bargeld („Ver-dacht strafbarer Handlungen")*

- Urteil VG Berlin, Az. VG 1 A 137.06, vom 28.02.2008 – *Sicherstellung von knapp 100.000 € Bargeld („Verdacht des Drogenhandels" – Verwertbarkeit rechtswidrig gewonnener Erkenntnisse aus Strafverfahren für Zwecke der Gefahrenabwehr)*

- Urteil OVG Lüneburg, Az. 11 LC 4/08, vom 02.07.2009 – Vorinstanz: Urteil VG Osnabrück, Az. 4 A 149/06, vom 08.11.2007 – *Sicherstellung 27.280 € Bargeld („Verdacht des Drogenhandels")*

III. Sicherstellung von Gegenständen und Bargeld

- Urteil VG Osnabrück, Az. 4 A 136/05, vom 16.11.2006 (***rechtskräftig***) – *Sicherstellung eines goldenen Armbands und von 1.300 € Bargeld („Verdacht des gemeinschaftlichen Raubes")*

- Urteil VG Osnabrück, Az. 4 A 140/05, vom 16.11.2006 (***rechtskräftig***) – *Sicherstellung von diversen Gegenständen und 500 € Bargeld („Verdacht des gemeinschaftlichen Raubes")*

IV. Behandeln von Buchgeld

- Beschluß LG Bielefeld, Az. 1 Kls B 1/98 I, vom 28.05.1999– *Geldbetrag auf dem Konto des Verurteilten ist als Fundsache gemäß § 983 BGB zu behandeln („Anlagebetrug")*

Anhang 4

(Fach-)Bücher

von *Ernst Hunsicker*

Präventive Gewinnabschöpfung in Theorie und Praxis –
Sicherstellung/Verwertung von Gegenständen und Bargeld aus Gründen der
Gefahrenabwehr in Kooperation von Polizei, Kommune und Staatsanwaltschaft (Osnabrücker Modell) – Arbeitshilfe –
1. Auflage (2004), Verlag für Polizeiwissenschaft, 111 Seiten, 14,90 €*.

Präventive Gewinnabschöpfung in Theorie und Praxis –
Sicherstellung/Sicherung und Verwertung von Gegenständen und (Bar-)Geld
vorrangig aus Gründen der Gefahrenabwehr in Kooperation von Polizei,
Kommune und Staatsanwaltschaft (Osnabrücker Modell) – Arbeitshilfe –
2. Auflage (2005), Verlag für Polizeiwissenschaft, 165 Seiten, 14,90 €*.

Präventive Gewinnabschöpfung (PräGe) in Theorie und Praxis –
Sicherstellung, Verwahrung von Verwertung von Gegenständen und (Bar-
)Geld aus Gründen der Gefahrenabwehr in Kooperation von Polizei, Staatsanwaltschaft und Kommune (Osnabrücker Modell) – Arbeitshilfe –
3. Auflage (2008),Verlag für Polizeiwissenschaft, 175 Seiten, 14,90 €*.

Präventive Gewinnabschöpfung (PräGe) –
Entscheidungssammlung in Volltexten (Sammelband)
1. Auflage (2008), GRIN Verlag, 159 Seiten, 24,99 €* (Buch), 14,99 €* (E-Book).

Präventive Gewinnabschöpfung (PräGe) –
Entscheidungssammlung in Volltexten (Sammelband)
2. Auflage (2009), GRIN Verlag, 226 Seiten, 24,99 €* (Buch), 14,99 €* (E-Book).

Verfassungsmäßigkeit der Präventiven Gewinnabschöpfung (PräGe) –
Beurteilung der Verfassungsmäßigkeit unter Einbindung der BVerfG-
Entscheidung zum erweiterten Verfall (§ 73d StGB) und der einschlägigen
Rechtsprechung (PräGe), GRIN Verlag, 9,99 €* (Buch), 0 €* (E-Book).

Authentische Polizei- und Kriminalgeschichten –
Stationen und Situationen mit Bildern aus einem langen Berufsleben –
Teil 1 (1962 bis Mai 1988),
GRIN Verlag (2008), 136 Seiten, 27,99 €* (Buch), 17,99 €* (E-Book).

Authentische Polizei- und Kriminalgeschichten –
Stationen und Situationen mit Bildern aus einem langen Berufsleben –
Teil 2 (Juni 1988 bis 1996),
GRIN Verlag (2008), 184 Seiten, 27,99*€ (Buch), 17,99 €* (E-Book).

Authentische Polizei- und Kriminalgeschichten –
Stationen und Situationen mit Bildern aus einem langen Berufsleben –
Teil 3 (1997 bis 2004 und die Zeit danach),
GRIN Verlag (2009), 204 Seiten, 27,99 €* (Buch), 17,99 €* (E-Book).

Authentische Polizei- und Kriminalgeschichten –
Stationen und Situationen mit Bildern aus einem langen Berufsleben –
Teil 4 (Nachträge von 1962 bis 2009),
GRIN Verlag (2009), 53 Seiten, 9,99 €* (Buch), kostenlos (E-Book), 0,99 €*
(Druckversion E-Book).

mit *Ernst Hunsicker*

Das ressortübergreifende Präventionsmodell Osnabrück –
Initiativfunktion von Seiten der Polizei (Seiten 189 ff.),
in: VEREINT GEGEN KRIMINALITÄT – Wege der kommunalen Kriminalprävention in Deutschland, *Edwin Kube/Hans Schneider/Jürgen Stock* (Hrsg.),
Verlag Schmidt-Römhild (1996), 331 Seiten, 10,00 €*.

Führung von V-Personen (KR 12, Seiten 1-16),
in: KRIMINALISTEN-FACHBUCH (KFB) – Kriminalistische Kompetenz, Verlag
Schmidt-Römhild (2000), 52,00* € (36,00 €* für BDK-Mitglieder, Preis auch für
CD-ROM-Ausgabe).

Möglichkeiten und Grenzen besonderer Beweissicherungsmaßnahmen
(KR 21, Seiten 1-87, zusammen mit *Rolf Jaeger*),
in: KRIMINALISTEN-FACHBUCH (KFB) – Kriminalistische Kompetenz, Verlag
Schmidt-Römhild (2000), Preise wie vorstehend.

Kriminologische Regionalanalyse Osnabrück 1996/97 zum Thema
„Mehr Sicherheit für uns in Osnabrück",
Print & Media Center Wallenhorst, 250 Seiten (ohne Anlagen), zusammen mit
Bernhard Bruns, Martin Oevermann und *Martin Ratermann* (Auflage vergriffen).

Bürgerbefragungen zur subjektiven Sicherheit in Osnabrück –
oder: Ertrag und Wirkung von (kommunaler) Kriminalprävention (Seiten 127
ff.), in: Angewandte Kriminologie und Kriminalprävention;
Entwicklungen, Sachstand und Perspektiven,
Festschrift für Dr. *Joachim Jäger* zum 65. Geburtstag,
Schriftenreihe der Polizei-Führungs-Akademie,
Sächsisches Druck- und Verlagshaus AG (2003), 176 Seiten.

Entwicklung der kommunalen Kriminalprävention in Osnabrück seit 1989
(Seiten 945-961), in: Kriminalpolitik und ihre wissenschaftlichen Grundlagen –
Festschrift für Professor Dr. *Hans-Dieter Schwind* zum 70. Geburtstag,
Thomas Feltes, Christian Pfeiffer, Gernot Steinhilper (Hrsg.),
C.F. Müller, Verlagsgruppe Hüthig Jehle Rehm GmbH (2006), 1.204 Seiten,
298,00 €*.

Kriminologische Regionalanalyse Osnabrück 2007/08 zum Thema „**Sicherheit und soziales Leben in Osnabrück",** 165 Seiten (ohne Anlagen), zusammen mit *Martin Oevermann, Manfred Rolfes, Wolfgang Wellmann, Wolfgang Zimmerer* und *Oliver Voges*, 15,00 €*.

---

*Die Bücher unterliegen der Preisbindung, sodass (auch kurzfristig) Preisänderungen möglich sind.

Berufliche Vita des Verfassers in Kurzform

Kriminaldirektor a.D. *Ernst Hunsicker* (Jahrgang 1944) trat 1962 in den Polizeivollzugsdienst des Landes Niedersachsen ein.

Nach der Grundausbildung und der obligaten Verwendung in der Bereitschaftspolizei wurde er 1965 zum Polizeiabschnitt Lingen/Ems versetzt, wo er im SOV-Dienst (Sicherheit, Ordnung, Verkehr) eingesetzt war.

1967 wurde *Hunsicker* zur Landeskriminalpolizeistelle Osnabrück versetzt, wo er in verschiedenen Dienstbereichen (Sachbearbeiter Wirtschaftskriminalität/Betrug/ Fälschungen, Wachgruppenleiter im Kriminaldauerdienst, Mitglied der 1. Mordkommission) tätig war.

Von 1972 bis 1975 erfolgte seine Ausbildung für den gehobenen Polizeivollzugsdienst der Kriminalpolizei. Danach bis 1979 Verwendung als Führungsgehilfe K 1 beim Leiter der Kriminalpolizei im (ehemaligen) Regierungsbezirk Osnabrück, Leiter des 3. Fachkommissariats (Wirtschaftskriminalität/Betrug/Fälschungen) in Lingen/Ems und Fachlehrer an der Landespolizeischule Hann. Münden in Kommissarslehrgängen.

Daran schloss sich das Studium für den höheren Polizeivollzugsdienst der Kriminalpolizei an (1979 bis 1981).

Im Anschluss fand *Hunsicker* Verwendung als Fachlehrer an der Landespolizeischule Hann. Münden (bis 1982), stellvertretender Ausbildungsstättenleiter in Bad Iburg/LK Osnabrück (bis 1988), stellvertretender Leiter der Kriminalpolizeiinspektion Osnabrück (bis 1993) und Leiter der Kriminalpolizeiinspektion Lingen/Ems (bis 1994).

Von 1994 bis zu seiner Pensionierung mit Ablauf des Monats Februar 2004 leitete er den Zentralen Kriminaldienst bei der Polizeiinspektion (Z) Osnabrück-Stadt und war in Personalunion stellvertretender Inspektionsleiter.

Hunsicker hat sich in zahlreichen Veröffentlichungen mit der Kriminalitätsverfolgung und -verhütung, dem – auch kundenorientierten – Einsatz der Polizei und dem polizeilich relevanten Recht befasst. Dazu zählen auch Fachbücher und ein autobiografisches Werk (vgl. Anhang 4, Seiten 93 ff.).

Vielleicht „besuchen" Sie *Ernst Hunsicker* einmal auf seiner Homepage, wo Sie unter **http://ernsthunsicker.de** mehr erfahren können.